真如様式の弘法大師像（室生寺）

胎蔵曼荼羅(金剛峯寺)

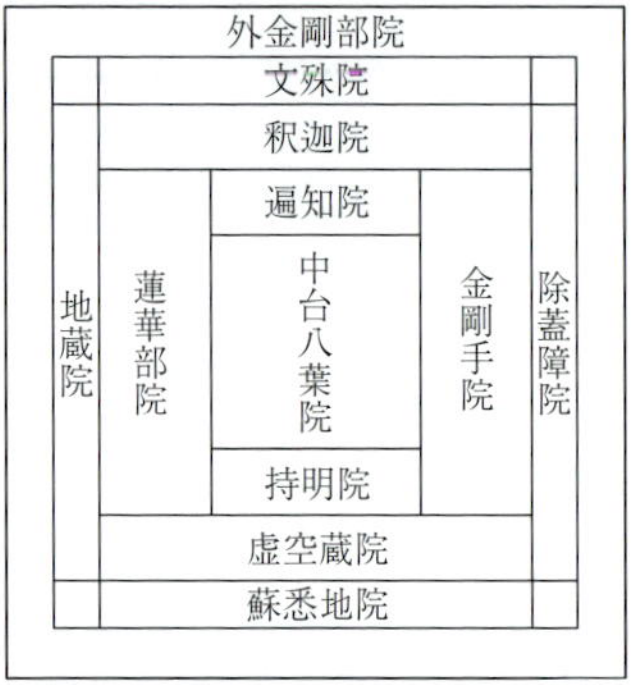
外金剛部院
文殊院
釈迦院
遍知院
地蔵院
蓮華部院
中台八葉院
金剛手院
除蓋障院
持明院
虚空蔵院
蘇悉地院

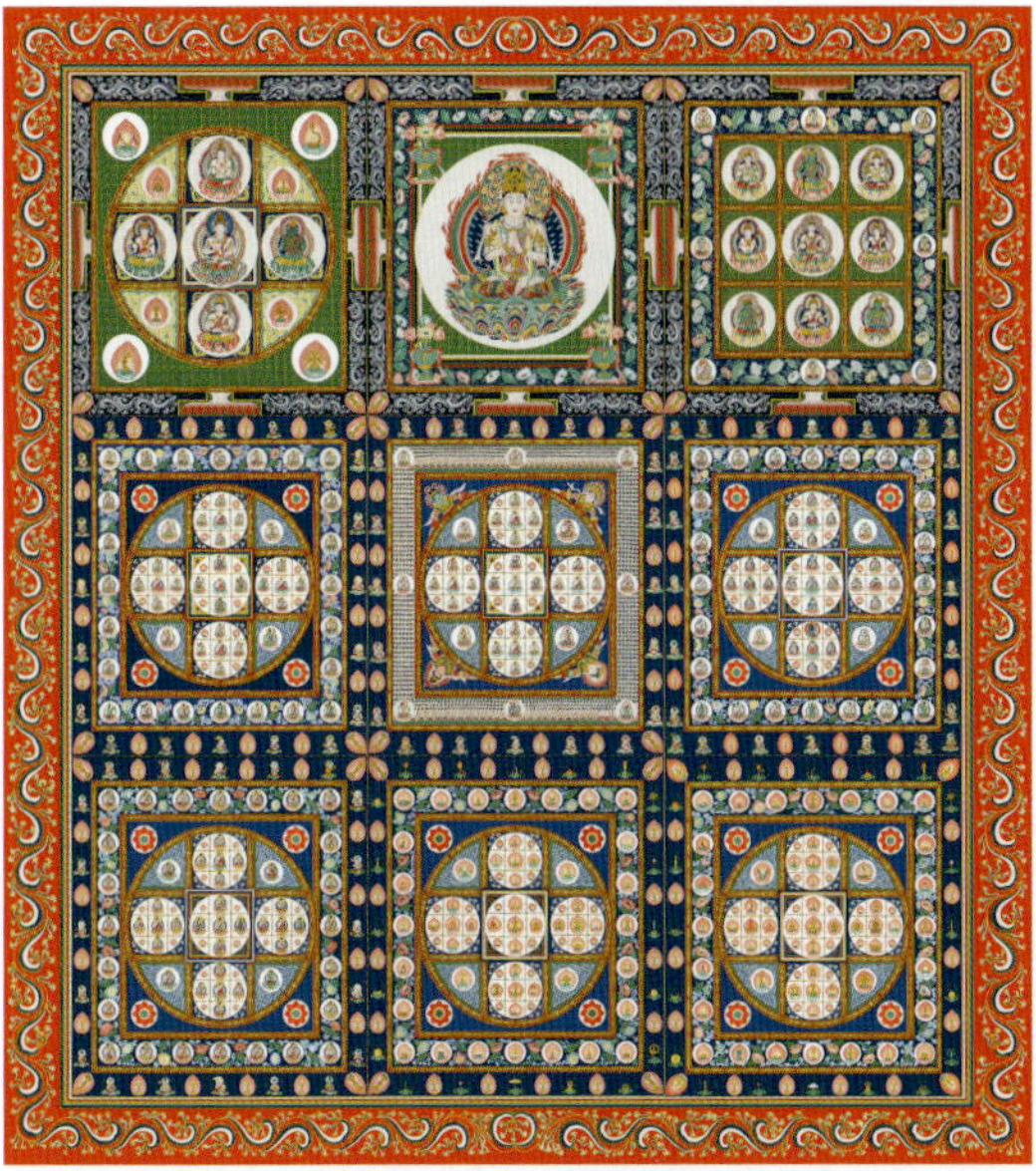

金剛界曼荼羅(金剛峯寺)

四印会	一印会	理趣会
供養会	成身会	降三世会
微細会	三昧耶会	降三世三昧耶会

修行大師像（岩本寺）

弘法大師空海と出会う

川﨑一洋
Kazuhiro Kawasaki

岩波新書
1625

はじめに——四国の霊場にて

チリン、チリン。チン、チン。チリン、チリン。四国八十八ヶ所霊場《しこくはちじゅうはちかしょれいじょう》に属する寺院の一日は、お遍路《へんろ》さんが携える鈴《れい》の、その音に明け、その音に暮れる。遍路シーズンの三月ともなれば、たくさんの鈴の音が重なり合い、春の陽光とも相まって、境内はキラキラと輝いて見える。

総延長、およそ一四〇〇キロメートル。四国をぐるりと一周して、弘法大師《こうぼうだいし》ゆかりの八十八の霊場寺院を巡るのが、四国遍路である。伝承によれば、弘仁六(八一五)年、四十二歳を迎えた大師が、若かりし日に厳しい修行を積んだ四国の地を再び訪れ、それらの霊場を定めたといわれている。そして、霊場を巡る遍路修行者のことを、親しみを込めて「お遍路さん」と呼ぶ。

元来、僧侶がおこなう特殊な修行の一つであった四国遍路は、戦国の乱世が終焉《しゅうえん》を迎え、社会と経済が安定した江戸時代、一般の庶民の間に急速に広まった。

「あなうれし行くも帰るも留まるも我は大師と二人づれなり」と詠《うた》われるように、お遍路さんには常に弘法大師が付き添ってサポートするという「同行二人《どうぎょうににん》」の信仰が生まれ、それは、二十一世紀の今も確かに息づいている。

現在、四国遍路を経験する人の数は、年間に十万人とも十五万人ともいわれている。故人の冥福《めいふく》を祈るため、願いを叶えるため、「自分探し」のため、観光を楽しみながら何となく癒《いや》しを求めて——。その目的はさまざまであるが、人々は弘法大師への帰依《きえ》を表す「南無《なむ》大師遍照《だいしへんじょう》金剛《こんごう》」という八文字の言葉を、繰り返し口ずさみながら巡礼を続ける。

「南無」とは、相手に対して敬意を表す際に用いられる、サンスクリット語のナマス(namas)の変化形ナモー(namo)の漢字音写である。インドやネパールにおける挨拶の言葉「ナマステ」にも通じる。

「大師」は、弘法大師の大師。大師とは、国家や民衆のために特に功績のあった僧侶に朝廷から贈られる称号である。弘法大師という贈り名は、延喜二十一(九二一)年に醍醐《だいご》天皇により下賜《かし》された。歴史上、大師号を得た高僧は二十五人にのぼるが、「大師は弘法に奪われ、太閤《たいこう》は秀吉に奪わる」といわれるように、日本人の多くが大師といえば弘法大師を想起する。

「遍照金剛」は、弘法大師が唐の都の青龍寺《しょうりゅうじ》(「せいりゅうじ」とも読む)で灌頂《かんじょう》の儀式を受けた際に、師の恵果《けいか》和尚《かしょう》から授かった名前である(第一章の3参照)。それは、真言密教《しんごんみっきょう》の本尊である大日如来《だいにちにょらい》を指す。

さて、弘法大師の人気は、四国に限ったことではない。書店の棚には、弘法大師に関連する書籍が数多く並べられており、弘法大師を主人公とした漫画もある。

平成二十三(二〇一一)年には、東京国立博物館で「空海と密教美術」展が開催され、二ヶ月の期間中に五十万人を超える入場者が列をなした。

また、弘法大師が高野山《こうやさん》を開いてから千二百年目にあたる平成二十七(二〇一五)年には、山上で盛大な法要が連日おこなわれ、一年間で百九十九万人の参詣者が訪れたという。

＊＊＊

弘法大師空海《くうかい》は、今からおよそ千二百年前に実在した宗教者であり、語学や文学、芸術のみならず、土木や建築にも能力を発揮した日本を代表する天才である。また一方では、人々のために清水を湧出《ゆうしゅつ》させたり、巨岩を動かしたり、一夜にして寺院を建立したりと、数々の超能力を発揮した、不思議な伝説に彩られた聖者でもある。

最近の入門書や評伝などでは、聖者としての弘法大師のイメージを極力削ぎ落とし、空海という一人の歴史上の人物の、よりリアルな実像を追究しようとする傾向が強い。しかし、史実と伝承、どちらに偏っても、多くの人を惹《ひ》きつけて止まない弘法大師空海の魅力は、その輝きや豊かさを失ってしまう。

幸いにも筆者は、四国の霊場寺院の住職を務める傍ら、ささやかながら密教の研究に携わる機会を与えられている。この本ではその経験と環境を活かして、宗教と学問、両方のバランスを保ちつつ、広く文化史からの視点も含めながら、弘法大師空海について、その全体像を俯瞰《ふかん》できるよう心掛けた。

なお本書では、弘法大師空海について、「大師」という呼称を用いる。真言宗《しんごんしゅう》の僧侶という立場にある筆者にとって、「空海」と呼び捨てにすることには、いささか抵抗があるからである。読者のご理解を請いたい。

目次

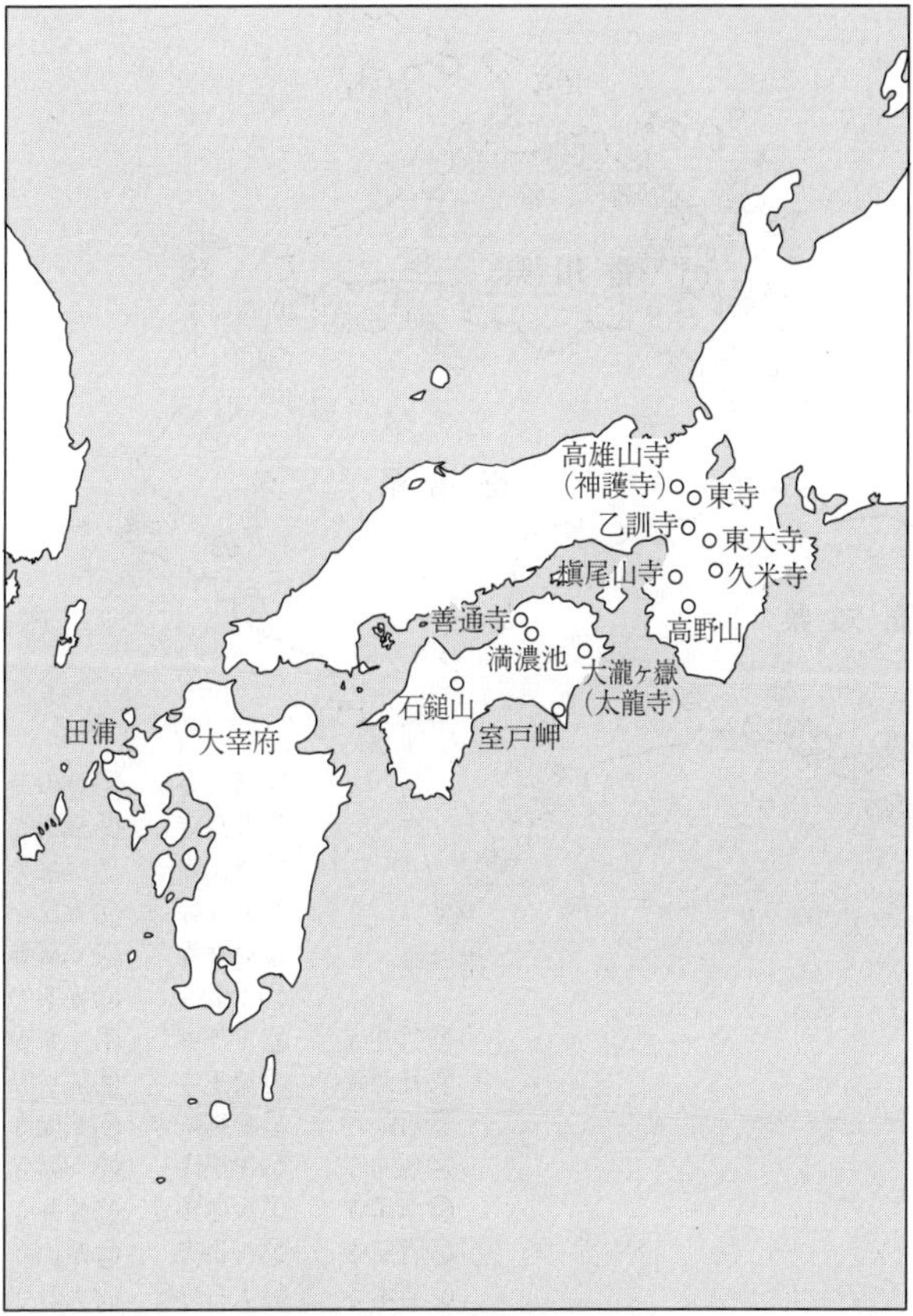

図1 弘法大師空海の足跡

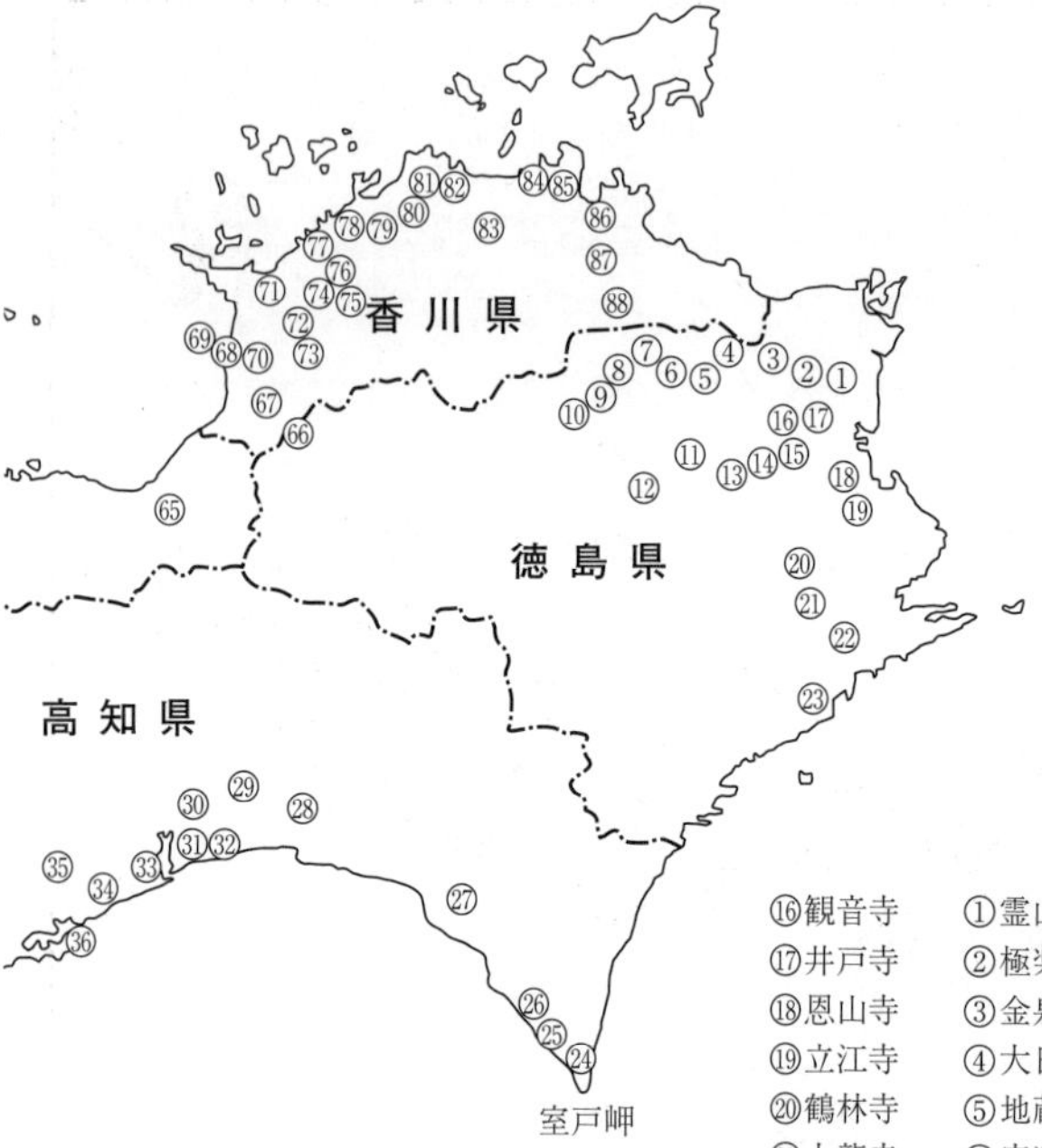

①霊山寺
②極楽寺
③金泉寺
④大日寺
⑤地蔵寺
⑥安楽寺
⑦十楽寺
⑧熊谷寺
⑨法輪寺
⑩切幡寺
⑪藤井寺
⑫焼山寺
⑬大日寺
⑭常楽寺
⑮国分寺
⑯観音寺
⑰井戸寺
⑱恩山寺
⑲立江寺
⑳鶴林寺
㉑太龍寺
㉒平等寺
㉓薬王寺
㉔最御崎寺
㉕津照寺
㉖金剛頂寺
㉗神峯寺
㉘大日寺
㉙国分寺
㉚善楽寺
㉛竹林寺
㉜禅師峰寺
㉝雪蹊寺
㉞種間寺
㉟清瀧寺
㊱青龍寺
㊲岩本寺
㊳金剛福寺
㊴延光寺

八ヶ所霊場

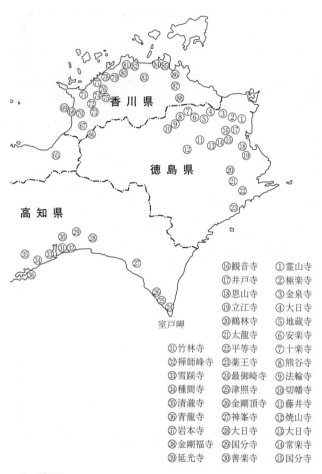

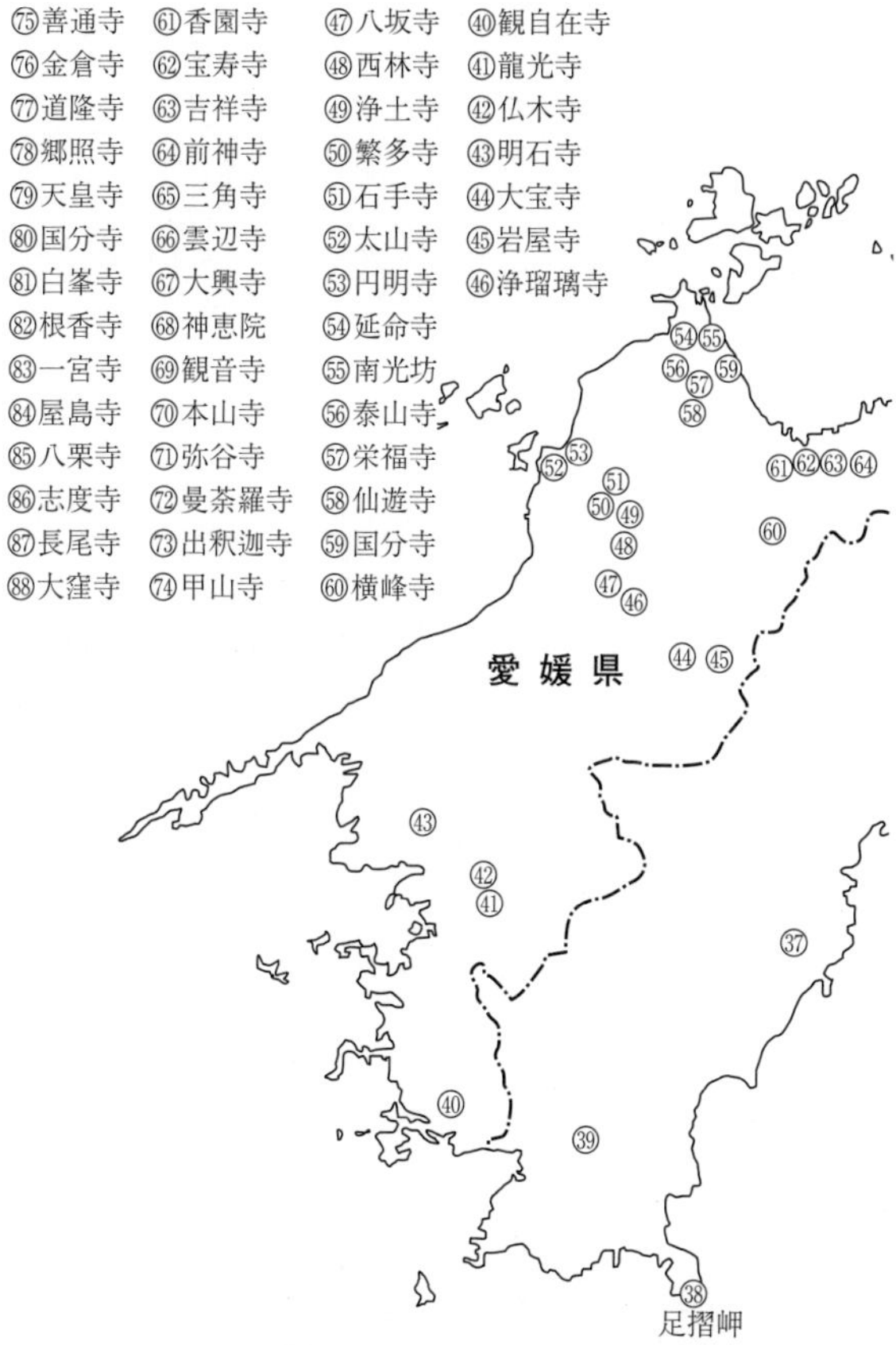

㊵観自在寺
㊶龍光寺
㊷仏木寺
㊸明石寺
㊹大宝寺
㊺岩屋寺
㊻浄瑠璃寺
㊼八坂寺
㊽西林寺
㊾浄土寺
㊿繁多寺
51石手寺
52太山寺
53円明寺
54延命寺
55南光坊
56泰山寺
57栄福寺
58仙遊寺
59国分寺
60横峰寺
61香園寺
62宝寿寺
63吉祥寺
64前神寺
65三角寺
66雲辺寺
67大興寺
68神恵院
69観音寺
70本山寺
71弥谷寺
72曼荼羅寺
73出釈迦寺
74甲山寺
75善通寺
76金倉寺
77道隆寺
78郷照寺
79天皇寺
80国分寺
81白峯寺
82根香寺
83一宮寺
84屋島寺
85八栗寺
86志度寺
87長尾寺
88大窪寺
愛媛県
足摺岬

図 2　四国八十

第一章　生涯を辿る

高野山の根本大塔

1　誕生と若き日の修行

誕生

弘法大師《こうぼうだいし》空海《くうかい》は、奈良時代の後期、宝亀五(七七四)年に誕生した。大師の母は、インドの高僧が体内に入る夢を見たその後、大師を身ごもったという伝承がある。

この誕生年については、大師とともに平安仏教の二大巨星と謳《うた》われ、しばしばライバルとしても引き合いに出される伝教大師最澄《でんぎょうだいしさいちょう》が書いた手紙によって裏づけられている。大師は、自身が四十歳を迎えた記念に「中寿感興の詩《ちゅうじゅかんきょう》」を作って最澄に贈ったが、その詩の内容に関する問いの手紙が、最澄から大師の許《もと》にいた弟子の泰範《たいはん》に届けられた。その手紙に弘仁四(八一三)年十一月二十五日の日付が記入されており、そこから四十年を逆算して、大師の誕生年が確定されたのである。最澄直筆のその手紙は現存しており、「久隔帖《きゅうかくじょう》」と呼ばれ、国宝に指定されている。

真言宗の寺院では、六月十五日を大師の降誕日《ごうたんび》として「青葉祭《あおばまつり》」を祝うが、これは、大師に密教の教えを伝えた唐の恵果《けいか》和尚《かしょう》の、そのまた師である不空三蔵《ふくうさんぞう》が入滅《にゅうめつ》した日にちなみ、鎌倉時代に定められたものである。大師は不空三蔵の生まれ変わりであると考えられた。

両親と兄弟

大師の父は、その名を佐伯直田公《さえきのあたいたぎみ》という。「直」は、朝廷から与えられた姓《かばね》である。母は、阿刀《あと》氏の女《むすめ》とされる。

大師の両親像（善通寺）

ただし一般には、大師の父は佐伯善通《さえきのよしみち》、母は玉依御前《たまよりごぜん》（玉寄御前とも表記）または玉依姫《たまよりひめ》の俗称で親しまれている。このような呼称が用いられるようになったのは意外に新しい。善通の名は、大師の誕生所とされる善通寺《ぜんつうじ》の寺名にちなむが、これを田公の諱《いみな》であるとする解釈もある。さらに、父を藤新《とうしん》太夫《たいふ》（「とうしんたゆう」とも読む）、母をあこう御前と呼ぶ俗説もある（第二章の5参照）。

なお、平安時代末期の写しが残る延暦二十四（八〇五）年九月十一日付の太政官符《だじょうかんぷ》には、大師の戸籍主として「佐伯直道《みち》長《なが》」なる名前が挙げられているが、これは、佐伯一族を代表する有力者を指すであろうと考えられている。

大師の兄弟には、鈴伎麻呂《すずきまろ》、酒麻呂《さかまろ》、魚主《うおぬし》などがおり、大師の高弟の一人である真雅《しんが》もまた、大師の異母弟であった。大師が二十四歳のときに著した『聾瞽指帰《ろうこしいき》』に、「二兄重ねて逝《ゆ》いて」という記述があるので、大師を田公の三男とする意見もある。

空海と名乗る以前の大師の幼名は、真魚《まお》といった。幼少期の大師については、数々の神秘的な伝説が語り継がれているが、その実像はほとんどわかっていない。なお、大師の生涯を彩るさまざまな伝説については、次章で触れることにしよう。

出身地

大師の出身地は、多くの史料によって、讃岐国《さぬきのくに》の多度郡《たどのこおり》、つまり現在の香川県西部であったことが知られており、信仰の上では、四国八十八ヶ所の第七十五番霊場である善通寺が大師の誕生所とされる。

『聾瞽指帰』および、その改訂版である『三教指帰《さんごうしいき》』の中の「仮名乞児論《かめいこつじろん》」には、大師の自叙伝が語られるが、そこには次のような一節がある。

「南閻浮提《なんえんぶだい》の陽谷《ようこく》、輪王所化《りんのうしょけ》の下《もと》、玉藻《たまも》帰《よ》る所の島、豫樟《よしょう》日を蔽《かく》すの浦に住す」

〈人間界にある日本国、優れた天皇の統治下にある、四国の讃岐、楠《くす》の木が盛んに葉を茂らせて太陽を覆い隠してしまう、そのような海辺に住んでいる〉

万葉の時代から、「玉藻帰る」は讃岐に係る枕詞《まくらことば》であり、大師が讃岐の地で育ったことは疑いない。しかし、「住す」という表現から讃岐を生誕地とは認めず、当時の妻問婚《つまどいこん》の慣習などを考慮して、母方の阿刀一族が居住した畿内を大師の生誕地とする説もある。

佐伯氏

六国史《りっこくし》の一つである『日本三代実録《にほんさんだいじつろく》』の記録によれば、大師の兄弟や甥《おい》たちは、都から離れた地方にあって破格の高い位を得ている。また、大師の父は、宿禰《すくね》の称号を与えられた知識階級の名門であった阿刀氏から、大師の母をめとっている。そのような理由から、大師を輩出した佐伯氏は、相当な経済力を備えた有力な豪族であったと考えられている。

奈良時代の仏頭(善通寺)

なお、善通寺の境内や、その近くの仲村廃寺《なかむらはいじ》跡からは、法隆寺《ほうりゅうじ》式と呼ばれる形状の白鳳《はくほう》期の軒丸瓦《のきまるがわら》が出土している。また、善通寺には奈良時代後期のものとされる仏像(塑《そ》像《ぞう》)の頭部が伝えられており、大師が生まれたときにはすでに佐伯氏の私寺がそこにあって、大師が仏教に親しんで育ったことは十分に考えられる。

実弟の真雅のほか、佐伯氏からは多くの高僧が出ており、大師の弟子の実恵《じちえ》、智泉《ちせん》、真然《しんぜん》、天台宗《てんだいしゅう》の智証大師《ちしょうだいし》円珍《えんちん》らはみな、大師の甥とされる。佐伯氏が、仏教と深い関係をもつ一族であったことの証左となろう。

ちなみに阿刀一族も、玄昉《げんぼう》、善珠《ぜんじゅ》、玄賓《げんぴん》など、多くの高僧を輩出している。

学ぶ

延暦七（七八八）年、十五歳になった大師は、母方の舅《おじ》の阿刀大足《あとのおおたり》について、漢籍《かんせき》を学ぶようになる。大足の人物像については、桓武《かんむ》天皇の第三皇子、伊予《いよ》親王《しんのう》の侍講《じこう》（個人教師）であったと記す史料もある。

そして、大足の強い勧めによって、延暦十（七九一）年、大師は十八歳で、最高学府であった都の大学《だいがく》に入学する。当時、各地に置かれた国学《こくがく》において学ぶべき地方豪族の子弟が中央の大学に入るのは例外であり、しかも十八歳という年齢は、学令《がくりょう》が定める大学の入学資格「十三歳以上、十六歳以下」を過ぎており、謎も多い。

大師は、儒学を学ぶ明経道《みょうぎょうどう》を専攻し、博士《はかせ》（教授）の岡田牛養《おかだのうしかい》や直講《じきこう》（講師）の味酒浄成《うまざけのきよなり》について、『尚書《しょうしょ》』や『毛詩《もうし》』、『春秋左氏伝《しゅんじゅうさしでん》』などの中国の古典や歴史書を学習したと伝えられている。大学で学び、二十五歳までに登用試験に合格すれば、官吏への道が約束されていた。

大師は懸命に勉学に励み、古人の蛍雪《けいせつ》を思いながら、首に縄を掛け、腿《もも》に錐《きり》を刺して睡魔《すいま》を防いだと、『三教指帰』の序文の中で回顧している。のちに多くの場面で披露されることになる大師の漢文の素養は、このころに培われたものと推測される。

山林修行

舅の阿刀大足をはじめ、一族の大きな期待を背負って大学に入った大師であったが、幼少のころから親しんできた仏教への関心を捨てきれず、また、貴族の子弟を官吏に養成することを目的とした大学の雰囲気に馴染《なじ》めなかったこともあってか、しだいに山林に籠《こも》っての修行に参加するようになり、仏門を志して私度僧《しどそう》となってしまう。私度僧とは、国家の認可を受けていない遊行僧《ゆぎょうそう》のことをいう。

大師はしばらく世間から姿をくらましてしまうが、二十四歳になった延暦十六(七九七)年の十二月、任官の年齢制限を目前に控えて、『聾瞽指帰』を撰述《せんじゅつ》する。儒教と道教を批判し、仏教の優位性を論じた同書は、大師の出家宣言書であった。また、大学の卒業論文とする意見もある。この大師の処女作は、のちに改訂されて『三教指帰』と題される。

戯曲形式で綴られる『聾瞽指帰』には、大師の自伝的要素が色濃い。そこに仏教教理の代弁者として登場する仮名乞児《かめいこつじ》というみすぼらしい風体《ふうてい》の遊行僧に、大師は自身の立場を託している(第五章の6参照)。

その仮名乞児のプロフィールを述べる件《くだり》には、

「或《あ》るときは金巌《かねのたけ》に登って雪に逢《お》うて坎壈《かんらん》たり。或るときは石峯《いしのみね》に跨《また》がって粮《かて》を絶って轗軻《かんか》たり」

〈あるときは吉野《よしの》の金峯《きんぷ》山《せん》に登って雪に降られて難儀し、あるときは伊予《いよ》の石鎚山《いしづちさん》の岩場で食料がなくなって困り果てた〉

という描写があり、二十代の大師が吉野や四国の深山に分け入って、大自然に対峙《たいじ》して心身を鍛錬する山林抖擻《さんりんとそう》の生活に身を投じていたことをうかがうことができる。

一方、『聾瞽指帰』に披露される仏教に対する知識の豊富さから、大師が諸寺を訪ねては仏典を読みあさり、仏教の教理を熱心に学んでいたことも予想される。

二十代の大師について知り得るもう一つの事柄は、大師が虚空蔵求聞持法《こくうぞうぐもんじほう》という密教の実践法に出会ったことである。

求聞持法の実践

虚空蔵求聞持法とは、「ノウボウ、アキャシャキャラバヤ、オン、アリキャマリボリ、ソワカ」という虚空蔵菩薩《ぼさつ》の真言《しんごん》（讃える言葉、第五章の4参照）を繰り返し念誦《ねんじゅ》することによって、精神集中を高める雑密《ぞうみつ》（原初的な古い密教）の修法《しゅほう》で、唱えた真言が百万遍に達すれば、超人的な記憶力が得られるとも考えられた。虚空蔵菩薩は、福徳と智慧を司る仏である。

『三教指帰』の序文や『続日本後紀《しょくにほんこうき》』の「空海卒伝《そつでん》」には、若き日の大師が一人の沙門《しゃもん》から求聞持法を授かり、阿波《あわ》の大瀧ヶ嶽《たいりょうがだけ》や土佐《とさ》の室戸岬《むろとみさき》でそれを実践したところ、真言を唱える声が谷じゅうに響いて聞こえたり、光り輝く明星《みょうじょう》が近づいて来るのを目の当たりにしたりする神秘体験を得たと記録されている。このような修法《しゅほう》の効果を、密教では悉地《しつじ》と呼ぶ。

求聞持法は、養老二(七一八)年に唐から帰国した道慈《どうじ》によって日本へ伝えられ、大安寺《だいあんじ》や元《がん》興寺《ごうじ》を中心に、当時の仏教界で流行した。南《なん》都《と》(奈良の平城京)の学僧たちの中には、月の上半は吉野山中の比蘇山寺《ひそさんじ》などに籠《こも》ってこの求聞持法を修し、月の下半は本寺に戻って仏典を研究するという生活をステータスとする者たちがあり、大師も、そのようなグループに属するある一人の沙門から、求聞持法を伝授されたものと思われる。

虚空蔵菩薩像(『別尊雑記』)

大師に求聞持法を授けた「一沙門」については、大師の得度《とくど》に際して戒師《かいし》を務めたともされる勤操《ごんぞう》や、唐への留学経験のある三論宗《さんろんしゅう》の僧、戒明《かいみょう》がその候補に挙げられている。法相宗《ほっそうしゅう》の教学を極めた元興寺の僧、護命《ごみょう》もまた、求聞持法の実践者であり、平安末期に編纂された密教図像の集成『別尊雑記《べっそんざっき》』には、護命と大師がともに求聞持法の本尊として掲げたとされる虚空蔵菩薩像が収載されている(前ページ写真)。

求聞持法による悉地の獲得は、大師が密教に関心をもつ契機ともなった、大きな出来事であった。

2　唐で学ぶ

入唐の動機

雲隠れともいえる二十代の「空白の時代」を経て、三十一歳になった大師が、再び歴史の表舞台に登場する。延暦二十三(八〇四)年に派遣された遣唐使《けんとうし》の一行に、大師が加わっていたのである。

真言宗の伝統的な説では、大師は夢のお告げによって大和高市《やまとたけち》にある久米寺《くめでら》の塔の中で『大《だい》日経《にちきょう》』という密教の経典を発見し、その内容についての疑問を解くために入唐《にっとう》を企てたといわれている。『大日経』は、曼荼羅《まんだら》の描き方、手印《しゅいん》の結び方、梵語《ぼんご》（サンスクリット語）で記される真言の念誦などの実践法を主として説き、その実践を極めた師の指導がなくては読み解くことができない。

正倉院文書《しょうそういんもんじょ》などの記録によれば、天平年間（七二九〜七四九）にはすでに、『大日経』はもとより、『蘇婆呼童子経《そばこどうじきょう》』、『蘇悉地経《そしつじきょう》』、『金剛頂略出念誦経《こんごうちょうりゃくしゅつねんじゅきょう》』などの密教経典が書写されていた。大師が『大日経』のみならず、これらの多様な密教経典を南都の諸寺で閲覧していたことも十分に予想される。また同時に、入唐留《る》学《がく》より帰国した大安寺の戒明や、唐招提寺《とうしょうだいじ》にいた鑑真和《がんじんわ》上《じょう》の弟子の如宝《にょほう》などに、唐の言語（中国語）を学んでいたのではないだろうか。

なお最近では、大師が三論宗の僧侶として、法相宗との間に繰り広げられた空有《くうう》に関する論争を決着するため、新たな論書《ろんじょ》を求めて入唐したとの説も提出されている。

それでは、一介の私度僧であった大師が、なぜ、遣唐使の一員として唐に渡ることができたのか。それについては、舅の阿刀大足と親交があった伊予親王が後ろ盾になったとか、遣唐大使の藤原葛野麻呂《ふじわらのかどのまろ》が書記官として推薦したなどの仮説もあるが、大師の出色《しゅっしょく》の才能と強い求法《ぐほう》の意思が、奈良の仏教界や大師の親族など、周囲を動かしたためと思われる。

得度

私度僧のままであった大師が遣唐使のメンバーに選ばれるためには、正式な得度を受けて、官度僧《かんどそう》となる必要があった。得度とは、剃髪《ていはつ》して出家し、戒《かい》を授かって僧籍に入ることであるが、律令《りつりょう》体制の下では朝廷がそれを認可しており、厳しい人数制限があった。

大師が得度を受けた時期については、延暦二十二（八〇三）年と記す史料と、同二十三（八〇四）年と記す史料があり、いまだ決定を見ていない。いずれにしろ、遣唐使の出発に合わせての、急遽おこなわれた得度であったことがうかがえる。

入唐直後に大師が唐の役人に宛てた文書に、「時に人の乏《とぼ》しきに逢《お》うて、留学の末に簉《つら》なれり」〈たまたま人員が不足して、留学僧の末席に連なることができた〉という表現があることを勘案して、大師が欠員を補うための臨時採用であったとする意見もある。

なお、大師の遺言書と信じられ、真言宗の宗門《しゅうもん》内で尊重される『遺告《ゆいごう》二十五ヶ条』（略称『御《ご》遺告《ゆいごう》』）には、大師は二十歳のときに、和泉国《いずみのくに》の槙尾山寺《まきのおさんじ》（施福寺《せふくじ》）において勤操僧正《そうじょう》を戒師として得度を受けたと記述されるが、これは、後世の創作と考えられている。二十歳で受けたのは予備的な沙弥戒《しゃみかい》で、本格的な具足戒《ぐそくかい》は三十一歳のときに東大寺《とうだいじ》の戒壇院《かいだんいん》で受けたと、折衷説を述べる伝記もある。

渡海

古式に則って四艘《そう》(四《よ》つの船《ふね》)で構成された遣唐使の船団は、延暦二十三(八〇四)年七月六日に九州肥前《ひぜん》の田浦《たのうら》を出航した。

大師は、遣唐大使の藤原葛野麻呂とともに第一船に搭乗。第二船には、のちに天台宗を開き、伝教大師と贈り名される最澄が乗っていた。大師は二十年の在唐を条件とする留学僧《るがくそう》であり、最澄は短期留学を目的とした請益僧《しょうやくそう》(還学僧《げんがくそう》)であるという、大きな立場の違いが二人にはあった。

当時の航海は、ほぼ風と潮の流れに任されており、翌日には、第三船と第四船が悪天候のために消息を絶つ。第二船は目的地に近い明州《みんしゅう》(浙江省)の鄮県《ぼうけん》に辿《たど》り着いたが、大師を乗せた第一船は東シナ海を南に流され、八月十日に福州《ふくしゅう》(福建省)の長渓県赤岸鎮《ちょうけいけんせきがんちん》に漂着した。

大師の住坊《じゅうぼう》といわれる高野山の龍光院《りゅうこういん》には、海上をさまよった際に船中に現れて大師を守護したとされる「船中湧現観音《せんちゅうゆうげんかんのん》」の画像が伝えられている。

足止め

九死に一生を得て、ようやく唐の地を踏んだものの、大師を二つの難題が待ち受けていた。

一つは、天皇の国書を携えていなかったため、すんなりと入国が認められなかったことである。新任されたばかりの福州の刺史《しし》(知事)が、いまだ着任していなかったという不運も重なった。船内を捜索されたあげく、一行は浜辺に建てた仮屋で長期の待機を強いられたという。

そこで、大師が藤原大使に代わって嘆願書をしたためた。「大使、福州の観察使《かんざつし》に与うるが為の書」(『性霊集《しょうりょうしゅう》』巻第五)がそれで、技巧を駆使した名文として知られている。

もう一つの問題は、人数制限によって大師の長安《ちょうあん》への入京が許可されなかったことである。大師は再び筆を執って「福州の観察使に与えて入京する啓《けい》」(『性霊集』巻第五)を提出し、求法への情熱を訴えた。

いずれの場合も、大師の教養に満ちた格調高い文章が福州の官吏たちを感服させ、晴れて大師は、密教の師、恵果和尚《けいかかしょう》が待つ長安の都をめざすことになる。

長安の都

大師たちは十一月三日に福州を発ち、昼夜を隔てぬ強行軍で二四〇〇キロメートルの道のりを越え、十二月二十三日に長安に到着した。

一行は、碁盤の目のように整備された長安城の、宣陽坊《せんようぼう》という区画の官舎に二ヶ月ほど滞在した。この間にも大師は、東西の文化が流れ込み、国際都市として賑わった長安の市井を探索

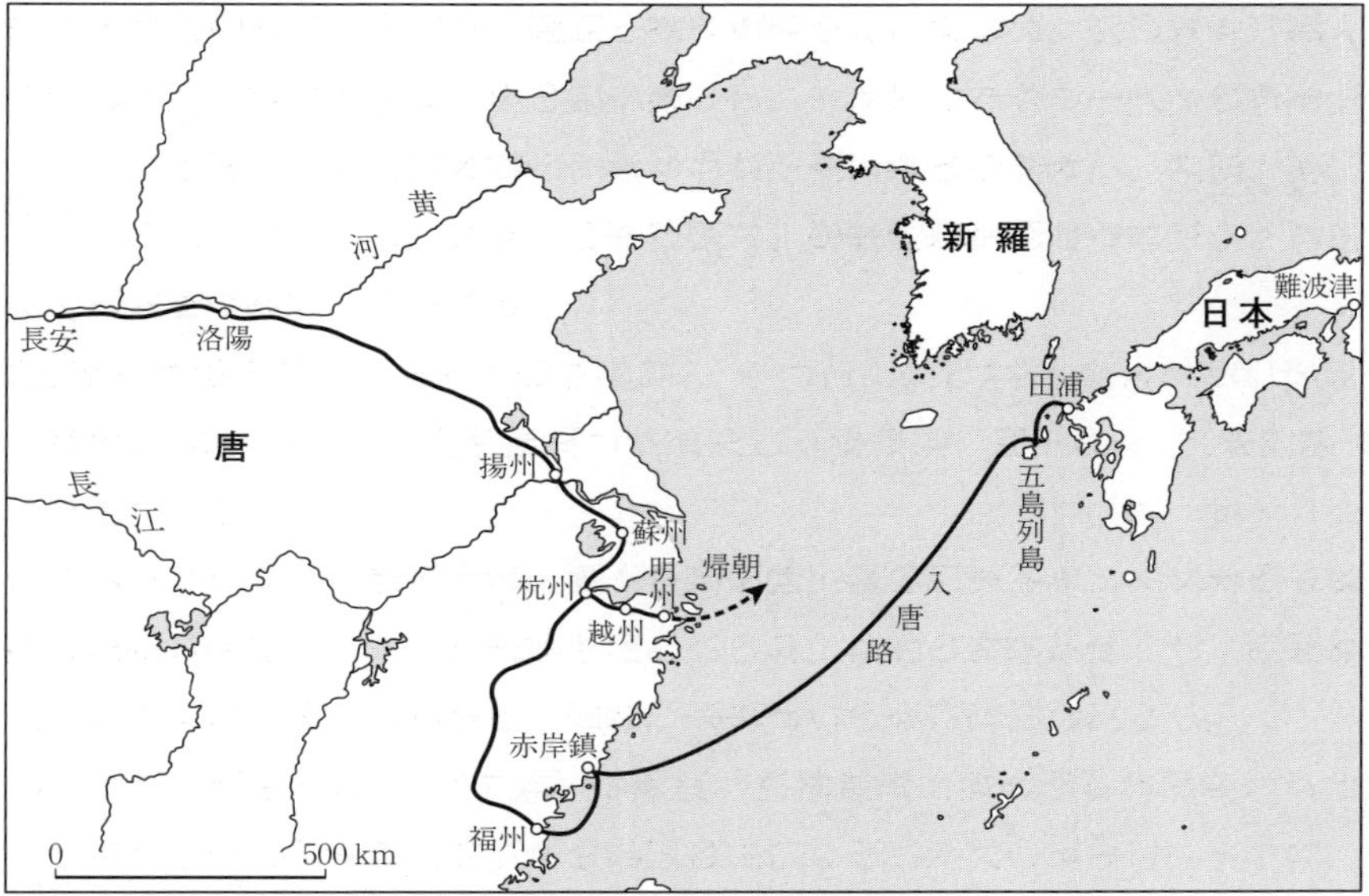

図 3 弘法大師空海の入唐経路(推定)

し、書法や詩論など、仏教以外の多彩な知識を吸収した。

朝貢《ちょうこう》の任を果たした藤原大使たちが帰国の途についた翌八〇五年二月十一日、大師は西明寺《さいみょうじ》に居を移した。西明寺は、『大日経』を漢訳した善無畏《ぜんむい》三蔵《さんぞう》もかつて居住した名刹《めいさつ》であり、大師と入れ替わりに帰国した先輩の入唐僧、永忠《えいちゅう》もこの寺に寄宿していた。

密教の受法に先駆けて、まず大師が始めたのは、梵語の習得であった。西明寺からも近い醴《れい》泉寺《せんじ》に住んでいたインド僧の般若《はんにゃ》三蔵や牟尼室利《むにしり》三蔵の門を叩き、インドの宗教事情全般についても聴聞《ちょうもん》している。

特に般若三蔵からは、三蔵が翻訳した新訳の『華厳経《けごんぎょう》』四十巻、『大乗理趣六波羅蜜経《だいじょうりしゅろくはらみつきょう》』、『守護国界主陀羅尼経《しゅごこっかいしゅだらにきょう》』、『造塔延命功徳経《ぞうとうえんめいくどくきょう》』、そして三点の梵夾《ぼんきょう》(梵文の原典)を授かり、それらの日本への東漸《とうぜん》を委託されている。

密教受法

そしていよいよ、青龍寺《しょうりゅうじ》の東塔院《とうとういん》に、恵果和尚を訪ねる日がやって来る。和尚は、唐の国に本格的に密教を定着させた不空三蔵の後継者で、代宗《だいそう》、徳宗《とくそう》、順宗《じゅんそう》の三代の皇帝からも厚い帰依《きえ》を受け、その徳を慕って、アジア各地から千人もの弟子が参集していた。

和尚は大師にまみえるや否や、満面の笑みを浮かべて歓喜し、次のように述べたという。

「我《わ》れ先より汝《なんじ》が来《きた》らんことを知って、相《あい》待つこと久し。今日相見《あいまみ》ゆ、大《はなは》だ好《よ》し、大だ好し。報命竭《ほうみょうつ》きなんと欲《ほっ》するに、付法《ふほう》に人なし。必ず須《すべから》く速やかに香花《こうけ》を弁《べん》じて、灌頂壇《かんじょうだん》に入《い》るべし」

〈私はあなたが来ることを知っていて、首を長くして待っていた。今日出会うことができて、何と嬉しいことか、何とすばらしいことか。私に与えられた寿命は尽きようとしているが、密教の法を伝える後継者がいない。必ずや早速、供え物を準備して、灌頂壇に入りなさい〉（『請来目録《しょうらいもくろく》』）

かくして、六月上旬には『大日経』の伝授が始まり、大師は『大日経』に説かれる胎蔵曼荼羅《たいぞうまんだら》の前に進み、自身を悟りへと導いてくれる守護仏《しゅごぶつ》を決定するため、目隠しをしてその上に花を投じた。次いで七月上旬には『金剛頂経《こんごうちょうきょう》』の伝授が始まり、今度は金剛界曼荼羅《こんごうかいまんだら》に花を投じて仏縁を占った。大師が投げた花は、いずれも中央の大日如来《だいにちにょらい》の上に落ち、恵果和尚は「不可思議なり、不可思議なり」といって感嘆したという。

そして八月上旬、大師を密教の正統な後継者として承認するための、伝法阿闍梨位《でんぽうあじゃりい》の灌頂が授けられた。それを祝うお斎《とき》（食事）の席が、五百人を招いて盛大に設けられたという。

七世紀のインドに、それまでの現世利益《げんぜりやく》から、即身成仏《そくしんじょうぶつ》に主眼を移した、画期的な二つの密教経典が誕生した。『大日経』と、少し遅れて成立した『金剛頂経』である。

両部の密教

『大日経』と『金剛頂経』は違ったルートで中国にもたらされ、別々に伝承されていたが、恵果和尚はそれらをそれぞれ異なる師から学び、両経典を同列で一揃いのものとして体系化し、「両部《りょうぶ》」と位置づけた（第四章の2参照）。そして、大師にその両部の密教が余すところなく伝授されたのである。

恵果和尚には六人の高弟がいたが、訶陵国《かりょうこく》（ジャワ）の弁弘《べんこう》と新羅国《しらぎこく》（朝鮮）の恵日《えにち》には『大日経』に基づく胎蔵法《たいぞうほう》のみが、剣南《けんなん》の惟上《いしょう》と河北《かほく》の義円《ぎえん》には『金剛頂経』に基づく金剛界法《こんごうかいほう》のみが授けられ、両部の法をともに授かり得たのは、青龍寺の義明《ぎみょう》と、日本から来た大師の、二人のみであった。

なお日本の密教では、『大日経』系と『金剛頂経』系の密教を純密《じゅんみつ》（純粋な密教）と称し、それ以前の古く原初的な密教を雑密《ぞうみつ》（雑多な密教）と呼んで区別している。

伝法を終え、大師のために経典の写本、曼荼羅、法具の類などを用意した恵果和尚は、

帰国

その年の十二月十五日、六十歳でこの世を去る。和尚を顕彰する碑文を、数多《あまた》の弟子たちを代表して大師が草した。

和尚は大師に、「早く郷国《きょうこく》に帰って、以《もっ》て国家に奉じ、天下《てんげ》に流布《るふ》して、蒼生《そうせい》の福《さいわい》を増せ」〈早く故郷の日本に帰って、密教の教えを国家に奉り、世間に弘《ひろ》めて、民衆の幸福が増すように努力しなさい〉（『請来目録』）と遺誡《ゆいかい》したという。大師はその遺命に従い、二十年とされた留学期間をわずか二年に短縮して帰国することを決意する。

また、瞑想中の大師の面前に和尚が現れ、「私は生まれ変わって、そなたの弟子になろう」と約束したという霊異《れいい》が、「恵果和尚の碑文」（『性霊集』巻第二）の中に語られている。

そんな折、まさに「渡りに船」のタイミングで、高階遠成《たかしなのとおなり》が率いる遣唐使が長安にやって来た。それは、新たに即位した順宗皇帝への朝賀《ちょうが》の使節であったとも、大師が入唐したときに消息を絶った第四船の再挙であったともいわれている。

大師はすぐに遠成に宛てて「本国の使《つかい》に与えて共《とも》に帰らんことを請《こ》う啓《けい》」（『性霊集』巻第五）を提出して帰国の許可を受け、短い時間で知友たちに別れを告げると、法縁《ほうえん》と思い出の深い長

安をあとにした。このとき、語学力の不足で就学をあきらめた橘逸勢《たちばなのはやなり》も、ともに帰国している。

帰路の途中で立ち寄った越州《えつしゅう》で、仏典のみならず、詩賦《しふ》（文学）、碑銘《ひめい》（歴史）、卜医《ぼくい》（占星術や医学）、五明《ごみょう》（芸術）などに関する入手し得る限りの文献を蒐集《しゅうしゅう》した大師は、八〇六年八月に明州の港を出帆し、密教宣布の志を胸に、再び怒濤《どとう》を越えて故国をめざした。

高野山の南院《なんいん》や、四国八十八ヶ所の第三十六番霊場青龍寺《しょうりゅうじ》に本尊として祀《まつ》られている「波《なみ》切《きりふ》不動《どう》」は、右手に持つ剣で波を切って大師の船を守護したと伝えられる不動明王《ふどうみょうおう》である。

3　帰国後

大宰府での待機

その詳しい時期は不明であるが、大師は九州に帰着し、筑紫《つくし》の大宰府《だざいふ》に入った。大師はそこで、請来《しょうらい》した膨大な数の経典、仏画、法具などを整理し、帰国の経緯を記した上表文《じょうひょうぶん》と目録を添え、それらを高階遠成に託して朝廷に進上している。上表文には、大同元（八〇六）年十月二十二日の日付がある。

大師がこのときにまとめた上表文と目録は『請来目録《しょうらいもくろく》』、あるいは敬意を込めて『御請来目録《ごしょうらいもくろく》』と呼ばれている。そこには、帰国報告書の枠を超えて、他の仏教に対する密教の優位性と、大師自身がその正統な後継者であることの自負が、力強く表明されている。

しかし、朝廷は沙汰《さた》を与えず、大師は三年近くの間、大宰府に留め置かれることになる。その理由については、二十年の留学期間を二年で切り上げたことによる「闕期《けっき》（無断帰国）の罪」に問われたためであるとか、『請来目録』の意義を理解できる者がおらず、先に帰国していた最澄に判断が委《ゆだ》ねられていたためなど、多くの推論がある。

大師が帰国した大同元年は、折しも桓武天皇の崩御にともない平城《へいぜい》天皇が即位した年であった。平安京への遷都を実行し、政治や宗教に対して革新的であった桓武天皇に比べ、平城天皇は内向的で、復古政策を取ったとされる。また大同二（八〇七）年には、大師の舅《おじ》の阿刀大足《あとのおおたり》と関係があった伊予親王《いよしんのう》が謀反《むほん》の罪に問われて幽閉され、自害するという事件があった。そのような時代背景も、大師が大宰府での待機を強いられた要因と考えられている。

都へ

平城天皇がわずか三年で譲位して、新たに嵯峨《さが》天皇が即位すると、ようやく大師の入京が認められた。大師は和泉国を経て、大同四（八〇九）年七月、和気《わけ》氏の私寺であった高雄山寺《たかおさんじ》に入った。この寺は、のちの天長元(八二四)年に大師に付与され、神護国祚真言寺《じんごこくそしんごんじ》(略称、神護寺《じんごじ》)と改称される。

入京した大師にいち早く接触したのは、比叡山《ひえいざん》の最澄であった。最澄は同年八月二十四日付で大師に書簡を送り、大師が新たに請来した経典や論書の中から十二部五十五巻の文献の借用を申し込んでいる。そのとき、最澄はすでに『請来目録』を写し取っていたようで、最澄自筆のその写本が、京都の東寺《とうじ》に伝わっている(第四章の1参照)。

最澄は唐において、天台《てんだい》の教学ばかりでなく、同時に禅《ぜん》と戒律《かいりつ》の学習を修め、偶然にも越州の龍興寺《りゅうこうじ》で順暁阿闍梨《じゅんぎょうあじゃり》から密教を学び、延暦二十四(八〇五)年六月に帰国した。

桓武天皇は最澄を喜んで迎えたが、天台の教えよりも、むしろ新来の密教に最も強い関心を示したといわれる。その一つの証《あかし》として、最澄は同じ年の九月、勅命によって高雄山寺で本邦初の灌頂の儀式を開いている。また、翌年に天台宗に年分度者《ねんぶんどしゃ》(年間に得度できる人数の割り当て)二人が認められると、そのうち一人には「遮那業《しゃなごう》」すなわち『大日経』を中心とした密教の研究が課せられることとなった。

そのような状況にあって、『請来目録』を目の当たりにした最澄は、みずからが受法した密教がごく限られたものであることを知り、本格的な密教を伝えた大師に対して、教えを求めることになる。

嵯峨天皇との交流

弘仁元(八一〇)年、藤原薬子《ふじわらのくすこ》とその兄の仲成《なかなり》の扇動によって平城上皇が復権を企てた、世にいう「薬子の変」が起こると、密教の祈禱《きとう》によって安禄山《あんろくざん》の乱を鎮めた唐の不空三蔵《ふくうさんぞう》に倣い、大師は透かさず嵯峨天皇に願い出て、高雄山寺で鎮護国家の修法《しゅほう》をおこなった。

しかし、嵯峨天皇が興味をもったのは、むしろ、密教の修法がもたらす効験《こうげん》ではなく、大師が伝えた最先端の唐の漢字文化と、大師の書の才能であった。天皇自身、大師、橘逸勢とともに「平安の三筆《さんぴつ》」と称される能書家である。

大同四(八〇九)年十月、嵯峨天皇は大師に筆を執らせ、劉義慶《りゅうぎけい》が撰した『世説新語《せせつしんご》』の文章を屛風《びょうぶ》二帖に揮毫《きごう》させている。その後、大師は天皇の所望に応じて、唐より持ち帰った墨跡《ぼくせき》や詩文、筆などを頻繁に進献した。

こうして大師は、嵯峨天皇が憧れた唐風文化に関する文物《ぶんぶつ》や情報を提供することによって、天皇との親交を深め、厚い信任と強力な庇護を得た。

弘仁二(八一一)年十月、嵯峨天皇は大師を往来に便利な山城国《やましろのくに》の乙訓寺《おとくにでら》に移住させ、その別《べっ》当《とう》(責任者)に任じている。乙訓寺は、藤原種継《ふじわらのたねつぐ》の暗殺に加担した嫌疑で非業《ひごう》の死を遂げた早良《さわら》親王《しんのう》が幽閉されていた寺であり、大師には、その御霊《ごりょう》を鎮める役目も期待されていた。

乙訓寺の境内には蜜柑《みかん》の木が植えられていて、大師がその実を摘んで嵯峨天皇に献上したという逸話は有名である。

高雄の灌頂

最澄にとって、天台宗内の密教の分野(遮那業)の充実を図ることが緊急の課題であり、それには大師の協力が不可欠であった。弘仁三(八一二)年十月、最澄は乙訓寺に大師を訪ね、高雄山寺で灌頂を授かる約束を取りつける。

一ヶ月後の十一月十五日には、金剛界《こんごうかい》の灌頂壇が開かれ、最澄、和気真綱《わけのまつな》と仲世《なかよ》の兄弟、美《み》濃種人《ののたねひと》の四名が儀式を受けた。さらに、翌十二月十四日には胎蔵《たいぞう》の灌頂がおこなわれ、最澄をはじめ、僧俗合わせて百九十四名にものぼる人々が参加している。

加えて弘仁四(八一三)年三月六日には、最澄の弟子たちのために、再度、金剛界の灌頂が執りおこなわれた。

これら三度の灌頂は「高雄の灌頂」といわれ、大師自筆の参加者名簿が神護寺に残されてお

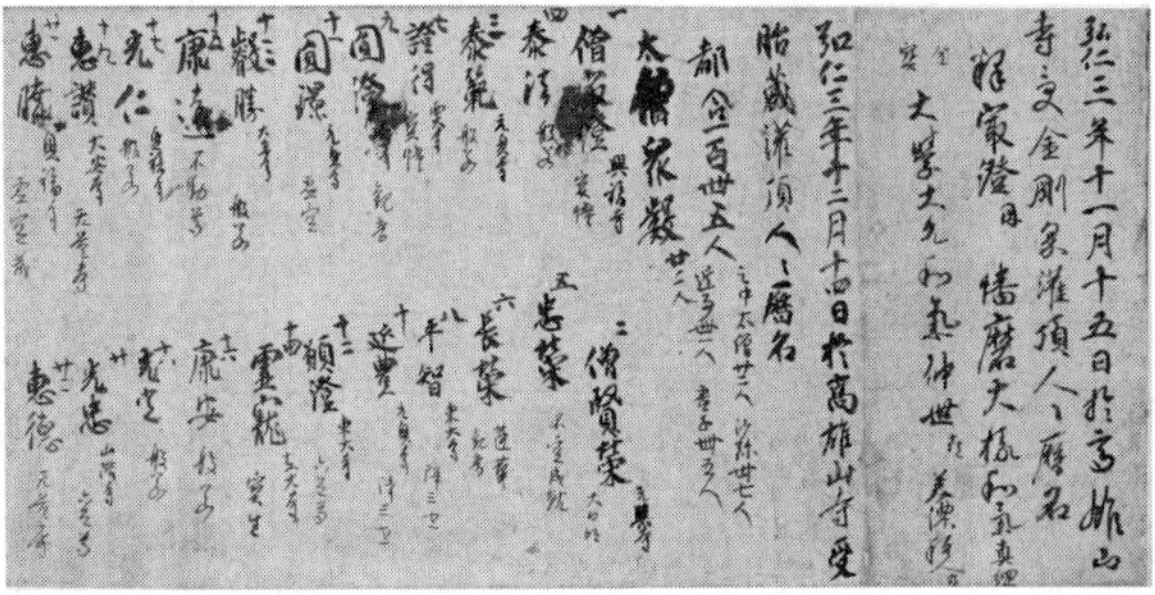

灌頂暦名(神護寺)

り、「灌頂暦名《かんじょうれきめい》」(灌頂歴名とも表記)と呼ばれて国宝に指定されている。

しかし、最澄が受けた灌頂は、密教の奥義を余すところなく伝える伝法《でんぽう》灌頂ではなく、いずれも入門儀礼に相当する、結縁《けちえん》灌頂あるいは受明《じゅみょう》灌頂(持明《じみょう》灌頂)といわれるものであった。

灌頂の儀礼

灌頂は、密教において最も重要な儀礼で、インドの言葉ではアビシェーカ(abhiṣeka)という。その言葉には、「水を灌《そそ》ぐ」という意味がある。

灌頂の儀礼ではまず、弟子は目隠しをして壇上に描かれた曼荼羅に花を投げ、たくさんの仏や菩薩《ぼさつ》の中から自分の本尊を決定する(投花得仏《とうけとくぶつ》)。その本尊が、弟子を悟りの世界へと導く。次いで、阿闍梨《あじゃり》と呼ばれる師から仏の智慧《ちえ》が宿った聖なる水が弟子の頭に灌がれ、それによって弟子は、自身の仏《ぶっ》性《しょう》に目覚め、仏の地位を継承する。

灌頂には、弟子のレベルに応じていくつかの区別がある。結縁灌頂は、密教に入門して堅固な信心を発《お》こすためにおこなわれる灌頂で、在俗の者でも参加が許される。受明灌頂は、これから密教を学ぼうとする僧侶のための灌頂で、投花得仏によって決まった本尊の印契《いんげい》(手に結ぶ印)と真言《しんごん》を授かる。そして伝法灌頂は、十分な密教の修行を積んだ弟子を、免許皆伝して、新たな阿闍梨に認定するためにおこなわれる。

最澄との決別

高雄の灌頂ののち、多忙な最澄は比叡山に戻り、泰範《たいはん》や円澄《えんちょう》などの数名の弟子を高雄山寺に残して、本格的な密教の受法を彼らに委託した。

最澄は学究肌の人物で、徹底した文献学によって密教を理解しようとした。その後も頻繁に、大師が新たに唐よりもたらした密教経典や、儀礼や修法の規則を述べた儀軌《ぎき》の借用を大師に依頼しており、そのすべてを写そうとしていたようである。

しかし、最澄のそのような姿勢は、師から弟子への面授《めんじゅ》指導を重視し、実践を通して感覚的に真理をとらえようとする密教の立場に相反するものであった。

弘仁四(八一三)年十一月に、密教の奥旨《おうし》を説く『理趣経《りしゅきょう》』を注釈した『般若理趣釈《はんにゃりしゅしゃく》』(『理趣釈《りしゅしゃっ》経《きょう》』)の貸し出しを大師が断ったことによって、大師と最澄は疎遠になってしまう。また、最澄の愛弟子であった泰範が比叡山へ帰山せず、大師の弟子になってしまった事件によって、両者が決別したともいわれる。

最澄は、法華一乗《ほっけいちじょう》(天台)と真言一乗《しんごんいちじょう》(密教)を同等に考え、その両立をめざしたのに対し、大師は、密教の中にすべての仏教を統一しようとした。実際には、そのような密教に対する意向の違いが、二人が別々の道を歩むことになった、根本的な原因であった。

その後最澄は、僧侶は大乗戒を受けて菩薩として生きるべきであるとの信念を貫き、天台の教えの流布と、修行の場所としての比叡山の整備に邁進してゆく。

4　高野山の開創と東寺の造営

高野山の開創

弘仁六(八一五)年の春より順次、大師は、畿内の諸大寺をはじめ、関東や九州にも弟子の康守《こうしゅ》や安行《あんぎょう》を派遣して、密教経典を書写し、読誦《どくじゅ》し、学ぶことを有縁《うえん》の人々に勧めている。そのときに各地に送られた趣意書は「勧縁疏《かんえんのしょ》」と呼ばれ、大師が真言密教の宣布を表明した記念碑的な文章とされている。

一方、弘仁七(八一六)年六月、大師は嵯峨天皇に願い出て、高野山の開創《かいそう》に着手する。高野山は、大師が山林修行に明け暮れた若いころから着目していた、密教の修行に適した勝《すぐ》れた土地であり、大師はそこに、修禅《しゅぜん》の道場を建立しようとした。

修禅とは、瞑想のことをいう。ただし密教の瞑想は、心を分析したり精神を集中したりするだけの座禅ではなく、そこからさらに、自己という有限の枠を破って、心を無限の宇宙と一体となす、瑜伽《ゆが》の瞑想である。瑜伽とは、インドの言葉「ヨーガ(yoga)」の音写語で、融合して一つにつながることを意味する。

大師は、その瑜伽の瞑想に没頭できる場所として、大自然に囲まれた深山幽谷《しんざんゆうこく》の高野山を選んだ。大師はのちに、高野山のことを「法身《ほっしん》の里《さと》」と呼んでいる。法身とは、大宇宙そのものを身体とする真言密教の本尊、大日如来を指す。

大師は弟子の実恵《じちえ》、泰範などを先遣隊として高野山に送り、弘仁九(八一八)年十一月にはみずからも登嶺《とれい》し、翌年にかけて悪鬼を駆逐して善神に守護を願う結界《けっかい》の儀式を執りおこなった。

大師が構想した高野山の伽藍《がらん》、すなわち修行の空間は、講堂《こうどう》を中心に、東と西に二基の毘盧《びる》遮那法界体性塔《しゃなほうかいたいしょうとう》を配置するという独創的なものであった。「毘盧遮那法界体性」とは大日如来のことで、二基の塔はそれぞれ、胎蔵曼荼羅と金剛界曼荼羅が示す悟りの世界（第四章の1参照）を象徴した。現在の根本大塔《こんぽんだいとう》と西塔《さいとう》がそれらに相当する。そして大師は、この伽藍を金剛《こんごう》峯寺《ぶじ》と名づけた。この寺名は一説に、大師がはじめて請来した密教経典、『金剛峯楼閣一切瑜伽瑜祇経《こんごうぶろうかくいっさいゆがゆぎきょう》』の名に基づくともいわれる。

しかしながら、大師の在世中に高野山の伽藍が完成することはなく、その造営事業は、実恵の後見の下、大師の甥の真然《しんぜん》によって引き継がれた。

二つの伝説

高野山の開創にちなんで、二つの有名な伝説がある。

一つは、飛行三鈷《ひぎょうさんこ》の話。大師は長安から日本への帰途、福州の海岸あるいは船上から密教法具の一つである三鈷杵《さんこしょ》を日本に向かって投げ、真言密教の道場を建立するのにふさわしい吉祥《きっしょう》な場所を占ったとされる。三鈷杵は雲に乗って飛来し、高野山の松の木の枝に掛かっていたという。

現在も、その木の子孫とされる大きな松の木が壇場伽藍《だんじょうがらん》（壇上伽藍とも表記）の御影堂《みえどう》の前に聳《そび》えており、「三鈷の松」と呼ばれている。ふつう、松の葉は二本一組であるが、この木に限っては三本一組であるという特徴があり、縁起物とされるその落ち葉を、参拝者たちは拾って持ち帰る。また、大師が投擲《とうてき》したとされる「飛行三鈷杵」（重文）が、高野山の秘宝として厳重に守り継がれている。

もう一つの伝説は、二匹の犬を連れ、狩人《かりうど》の姿をした狩場明神《かりばみょうじん》という神が、大師を高野山へ案内したとされる話である。狩場明神は、高野山一帯の地主神《じぬしがみ》である女神、丹生《にう》明神の御子で、高野《こうや》明神とも呼ばれる。

高野山麓の天野《あまの》の地には、丹生明神を祀る丹生都比売神社《にうつひめじんじゃ》がある。その祭祀をおこなった丹生氏、あるいはその本家筋にあたる紀《き》氏に宛てたとされる手紙が、大師の書簡を集めた『高野雑筆集《こうやざっぴつしゅう》』に収録されており、大師と丹生氏との交流が、このような伝説を生み出したものと思われる。

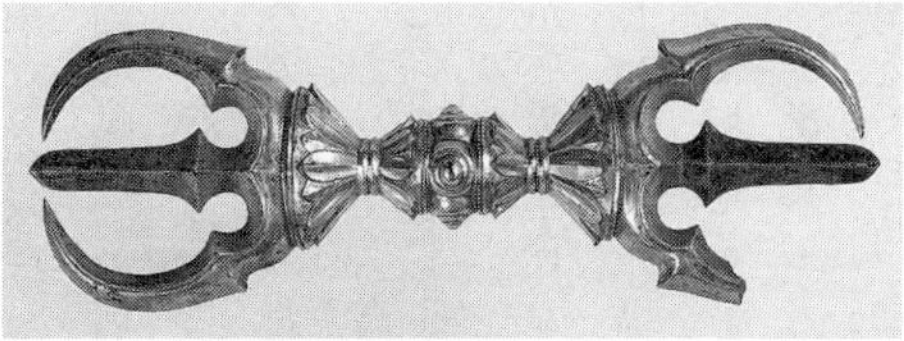

飛行三鈷杵（金剛峯寺）

東大寺の灌頂道場

弘仁十三（八二二）年二月、奈良の東大寺に密教の灌頂道場を設け、鎮護国家の修法《しゅほう》をおこなうようにとの命が朝廷から大師に下った。のちに大仏殿の東南の方角に建立されたその建物は、真言院《しんごんいん》と呼ばれた。

東大寺は日本の仏教の中核をなす寺院であり、そこに真言の灌頂道場を建立するということは、朝廷はもとより南都の仏教界から、真言密教が公認されたことを示唆している。

なお、この年に大師が平城上皇に灌頂を授けたという記録があり、灌頂に臨んで大師が著したとされる『平城上皇灌頂文《へいぜいじょうこうかんじょうもん》』が伝わっている（第五章の6参照）。その道場が真言院であったとする説もあるが、真言院の建物はいまだ完成していなかった。

伝教大師最澄と奈良の諸寺との間には、比叡山における新たな大乗戒壇《だいじょうかいだん》の設立を巡って軋轢《あつれき》が生じたが、大師は融和の姿勢を保った。大師が藤原氏の氏寺である興福寺《こうふくじ》の南円堂《なんえんどう》の建立にかかわったとか、あるいは大安寺の別当になったなどと記す文献もある。

東寺の造営

東寺《とうじ》は教王護国寺《きょうおうごこくじ》とも称され、現在、真言宗の総本山となっている。境内に聳える高さ五五メートルの五重塔は、京都のシンボルでもある。

東寺は、西寺《さいじ》と対をなす官寺《かんじ》（国立の寺院）であり、都城《とじょう》の鎮護を目的として、平安遷都とともに造営が開始された。しかし、堂塔の建設はなかなか進まず、『御遺告《ごゆいごう》』の記述によれば、弘仁十四（八二三）年一月に東寺は大師に預けられたといわれる。ただ、実際に大師が東寺の造営にかかわるようになったのは、造東寺別当《ぞうとうじべっとう》（造営の統括者）に就任した、翌年の天長元（八二四）年六月からである。

そのときには薬師如来《やくしにょらい》を祀る金堂《こんどう》が完成していたが、さらに大師は、密教の仏を祀る講堂と五重塔の建立に着手していった。

同じころ大師は、真言の僧侶が学習すべきカリキュラムを定めた『真言宗所学経律論目録《しんごんしゅうしょがくきょうりつろんもくろく》』(略称『三学録《さんがくろく》』)を編纂し、嵯峨天皇から譲位されたばかりの淳和《じゅんな》天皇に進上した。目録には、経蔵《きょうぞう》(経典)としては『大日経』、『金剛頂経』をはじめとする百五十部、律蔵《りつぞう》(戒律に関する典籍)としては『蘇悉地経《そしつじきょう》』、『蘇婆呼童子経《そばこどうじきょう》』、『根本有部《こんぽんうぶ》』など十五部、論蔵《ろんぞう》(論書)としては『菩提心論《ぼだいしんろん》』、『釈摩訶衍論《しゃくまかえんろん》』の二部のテキストが挙げられている。

その結果、東寺に真言僧五十人が専住することが認められ、以来、東寺が真言密教の根本道場として、大師の社会的活動の拠点となった。

5 晩年、そして入定

綜芸種智院の開設

大師は晩年になって、綜芸種智院《しゅげいしゅちいん》という私立学校を開設した。天長五(八二八)年十二月十五日の日付がある「綜芸種智院式」(『性霊集《しょうりょうしゅう》』巻第十)には、大師によるその教育理念が示されている。

「綜芸」とは、さまざまな技能を兼ね備えた理想的な阿闍梨《あじゃり》を形容する言葉で、『大日経』に出る「衆芸《しゅげい》を兼《か》ね綜《す》ぶ」というフレーズに由来する。「種智」とは、万有をことごとく知る仏の智慧《ちえ》であるとともに、人間がもつあらゆる可能性を指す。よって「綜芸種智」とは、多種多様な技能や可能性を育てる、という意味にでもなろうか。

この私立学校は、東寺の東隣に位置し、土地と建物は、嵯峨天皇の皇后であった橘嘉智子《たちばなのかちこ》の義兄、藤原三守《ふじわらのみもり》によって寄進された。小川や庭園に囲まれ、環境にも恵まれていたという。綜芸種智院は、「三教院《さんごういん》」とも呼ばれ、儒教、道教、仏教を教えた。そのため、日本初の総合大学とも評価されている。また、身分や経済力に関係なく門戸が開かれており、教師と学生の生活を保障する完全給付制が敷かれていた。

しかし、その運営の実際については不明な点が多く、大師が入定《にゅうじょう》したのちの承和十四(八四七)年には、東寺で伝法会《でんぼうえ》の法要を開く資金を得るために売却されてしまう。

祈り

五十八歳になった大師は、身体に不調をきたすようになる。天長八(八三一)年六月、「悪瘡《あくそう》」が癒えないことを理由に、大僧都《だいそうず》の職を辞することを淳和天皇に願い出ている。

そして、その翌年の天長九（八三二）年八月には、高野山での初の法会《ほうえ》となる、仏や菩薩に無数の灯明と花を供えて祈願する万燈万華会《まんどうまんげえ》を開催する。この法会の願文《がんもん》の中で大師が述べた、「宇宙空間がある限り、生きとし生けるものがある限り、すべての生命を幸福な悟りの世界に導こうという私の願いも、永遠に尽きることはない」という誓いは、今生における余命がわずかであることを察知していた大師の、心の叫びであったのかもしれない。

さらに承和元（八三四）年十二月十九日には、毎年正月八日より七日間、国家の安穏を祈って宮中で開催されていた金光明最勝会《こんこうみょうさいしょうえ》に並行して、密教の修法をおこなうことを申請し、わずか十日後には勅許されている。明けて承和二年の正月にはこの修法が執行され、大師も弟子たちを率いて渾身の祈りを捧げたものと思われる。これは、真言宗における最高の厳儀《ごんぎ》として現在も執りおこなわれている後七日御修法《ごしちにちみしほ》の始まりであり、宮中から東寺の灌頂院《かんじょういん》に道場を移したものの、連綿とその伝統が守り継がれている。

真言教団の基礎固め

大師の入定に際して、弟子の実恵が唐の青龍寺《しょうりゅうじ》に宛てた報告の手紙によれば、承和元（八三四）年に入ってから、大師は高野山に籠《こも》って修禅に没頭するようになったという。

一方で大師は、入定までの最後の三ヶ月間において、真言教団を維持していくための基礎固めを粛々《しゅくしゅく》と実行していく。

まず、承和元年の十二月、東寺にその管理を担う三綱《さんごう》（上座《じょうざ》、寺主《じしゅ》、都維那《ついな》）を置くことが勅許される。これによって東寺が、名実ともに真言の寺院となった。

承和二（八三五）年一月には、東寺で密教を講義することが許され、真言宗に年分度者《ねんぶんどしゃ》三人が認められる。年間に得度《とくど》を受けて正式な僧侶になることのできる者の人数には制限があり、そのうちの三名が真言教団に割り当てられたのである。これをもって、正式に真言宗が開宗されたことになる。三名の得度者はそれぞれ、『金剛頂経』を中心に学ぶ金剛頂業《ごう》、『大日経』を中心に学ぶ胎蔵業《たいぞうごう》、おもに梵字悉曇《ぼんじしったん》を学習する声明業《しょうみょうごう》の、三種のカリキュラムを専攻した。

また、その年の二月には、高野山の金剛峯寺が官寺に準ずる定額寺《じょうがくじ》に指定される。

朝廷がこれほど矢継ぎ早に勅許を下すことは異例であるが、そのスピード裁可の裏には、大師のよき理解者であり、帰依者《きえしゃ》でもあった、藤原三守の助力があったといわれている。三守は、嵯峨天皇の側近であり、次代の淳和天皇にも重用され、のちに右大臣の位についた人物である。

穀物や水を断ち、高野山で静かに瑜伽の瞑想を続けていた大師は、承和二(八三五)年三月二十一日、弟子たちに見守られながら、六十二歳で入定した。それは、寅《とら》の刻であったとも伝えられている。

入定

仁明《にんみょう》天皇の使者が高野山へと派遣されて喪料《もりょう》(香典)が施され、嵯峨、淳和の両上皇からの丁重な弔意を表す手紙も届けられた。

大師の最期について、古い記録には、「禅居《ぜんこ》に終わる」や「卒去《そっきょ》」、「荼毘《だび》」や「薪《たきぎ》尽き火滅す」といった表現が見られるが、康保五(九六八)年の成立とされる『金剛峯寺《こんごうぶじ》建立修行縁起《こんりゅうしゅぎょうえんぎ》』になると「入定《にゅうじょう》」という言葉が使われるようになる。大師は入滅《にゅうめつ》したのではなく、生きたまま、永遠の禅定《ぜんじょう》に入ったと考えられるようになったのである。これを入定留身《にゅうじょうるしん》という。

京都小野《おの》の地に曼荼羅寺《まんだらじ》を開いた仁海僧正《にんがいそうじょう》の勧めによって、治安三(一〇二三)年に高野山を参詣した御堂関白《みどうかんぱく》こと藤原道長《ふじわらのみちなが》は、実際に生身《しょうじん》の大師の姿を拝したとその日記に記しており、これを機に、貴紳《きしん》による高野山登嶺《とれい》と大師の入定信仰が盛んになったといわれている。

天台座主《てんだいざす》を四度も経験し、歌人としても高名な慈鎮和尚慈円《じちんかしょうじえん》(一一五五〜一二二五)は、大師の入定留身を「ありがたや高野《たかの》の山の岩陰に大師はいまだおはしますなる」と詠んだ。

大師が入定してから八十六年が経った延喜二十一（九二一）年十月、観賢僧正《かんげんそうじょう》の申請によって、ときの醍醐《だいご》天皇より、大師に「弘法大師」の諡号《しごう》（贈り名）が贈られた。観賢僧正は、醍醐寺を開いた理源大師聖宝《りげんだいししょうぼう》の弟子で、金剛峯寺の座主《ざす》と東寺の長者《ちょうじゃ》を兼務した実力者である。大師が入定した三月二十一日に毎年営まれる御影供《みえく》の法要も、僧正によって始められた。

弘法大師という諡号

世間ではまた、観賢僧正は、大師が入定する石室の扉を開けた最初で最後の人物としても知られており、次のような伝説が語り継がれている。

ある夜、醍醐天皇の夢に大師が現れ、「たかの山結ぶ庵《いほり》に袖《そで》くちて苔《こけ》の下にぞ有明《ありあけ》の月」という歌を残した。驚いた天皇は、法衣を新調し、諡号とともに観賢僧正に依頼して高野山へ届けさせた。僧正が、大師が入定する石室の扉を開くと、大師は座禅を続けており、僧正は長く伸びた大師の髪や髭《ひげ》を剃り、新しい法衣を着せ、再び石室の扉を閉じた。

また、観賢僧正に随行《ずいこう》した弟子の淳祐《しゅんにゅう》は、若くて修行が足りなかったせいか、大師の姿を直接見ることができなかったという。そこで、僧正が淳祐の手を取って大師の膝《ひざ》に触れさせたところ、その手は一生涯にわたってかぐわしい香りがしたという。その後、淳祐は高名な学僧となり、宮中に奉仕する内供《ないぐ》の位につくが、淳祐が筆記した書物は、その香りが移ったことから、「薫《におい》の聖教《しょうぎょう》」と呼ばれた。

観賢僧正による御廟開扉《ごびょうかいひ》の話は、寛治三（一〇八九）年に著された『大師御行状集記《だいしごぎょうじょうしゅうき》』にすでに紹介されており、淳祐内供の話は、永久年間（一一一三～一一一八）成立の『弘法大師御伝《こうぼうだいしごでん》』に現れる。これらの伝説は、やがて『今昔物語集《こんじゃくものがたりしゅう》』などの説話集にも取り入れられ、入定留身信仰は、広く人々の間に流布していった。

高野山ではこの伝説にちなみ、毎年三月二十一日に新しい法衣を仕立てて大師の御廟に奉献する「御衣替《おころもがえ》」の儀式が、今もなお続けられている。

なお、実際に醍醐天皇の大師号追贈《ついぞう》の勅書を奉じて高野山に至ったのは、勅使の少納言《しょうなごん》平《たいらの》朝臣維助《あそんこれすけ》である。

兜率天へ

大師が入定した承和二（八三五）年三月二十一日の六日前、大師は弟子たちを集めて遺誡《ゆいかい》を与えたと伝承されている。その遺誡を書き留めたとされるのが『御遺告《ごゆいごう》』であるが、実際には、これは十世紀の中頃に創作された書物と考えられている。

『御遺告』の第十七条には、大師は入定ののち、弥勒菩薩《みろくぼさつ》が住む兜率天《とそつてん》に昇り、微雲管《みうんかん》から人間界の様子を見守るであろうと記されている。弥勒菩薩は、釈尊《しゃくそん》が入滅してから五十六億七千万年を経てこの世に現れて、仏教の立て直しを図るために説法するとされる、未来の仏である。なお、「微雲管」について、それを一種の望遠鏡であるとする意見もあるが、「微」は「美」、「管」は「館」に通じ、「美しい雲のたなびく天上の館」と理解したほうがよい。

この記述によって、大師は、釈尊入滅から弥勒下生《げしょう》までの二仏中間《にぶつちゅうげん》の期間に、仏に代わって人々を救済する存在であると考えられるようになった。

そして、さらに展開して、大師は弥勒菩薩と同体であると見なされるようになり、大師が入定する高野山が、そのまますなわち兜率浄土《とそつじょうど》であるという信仰が生まれた。

高野山の僧侶は、大師の廟前で弥勒菩薩の真言を唱えて祈り、また、壇場伽藍《だんじょうがらん》の御影堂《みえどう》では、内陣《ないじん》に弥勒曼荼羅《みろくまんだら》を掲げ、大師を弥勒菩薩そのものとして日々供養している。

コラム１　大師の伝記類

弘法大師ほど、多くの伝記が存在する人物はいない。昭和九（一九三四）年から翌年にかけて刊行された長谷宝秀編『弘法大師伝全集』全十巻には、大師が入定してから幕末に至るまでのおよそ千年の間に出現した、九十三部の大師伝が、ほぼ成立年代の順に収録されている。また、同じく昭和九年に出版された三浦章夫編『弘法大師伝記集覧』には、伝記はもちろん、説話、稗史《はいし》、地方誌など、およそ八百五十篇にものぼる史料の中から大師の事績《じせき》に関する記述が蒐集され、編年体で整理されている。

数ある弘法大師伝のうち、最も古いものは、貞観十一(八六九)年に完成した正史『続日本後紀《しょくにほんこうき》』の承和二(八三五)年三月二十五日の条に見られる「空海卒伝《そつでん》」である。潤色《じゅんしょく》をほとんど含まず、史実のみを客観的に記録したこの大師のプロフィールは、空海という歴史上の人物の実像に迫ろうと試みる研究者の間では、最も信頼のおける基本史料とされている。

一方、真言宗の宗門の中で高い権威を保ってきたのが、大師の遺誡であるとされる『御遺告《ごゆいごう》』の冒頭に語られる大師の来歴である。ただし『御遺告』は、大師が入定して百年ほど経った十世紀中頃に大師に仮託《かたく》して編纂された文献であり、そこに語られるのは、神秘的な伝説に満ちた、聖者としての大師の姿である。

その他、古い大師伝を挙げれば、貞観寺僧正《じょうがんじそうじょう》なる人物によって寛平七(八九五)年に撰述された『贈大僧正空海和上伝記《ぞうだいそうじょうくうかいわじょうでんき》』がある。この伝記は、「空海卒伝」の内容をほぼ踏襲するが、すでにいくつかの神話的要素の混入が認められる。

また、大師の弟子の真済《しんぜい》によって承和二(八三五)年に著されたと伝えられてきた『空海僧都伝《くうかいそうずでん》』は、『御遺告』と同じ十世紀中頃、『御遺告』の内容をより充実させて成立したと考えられている。

大師の生涯の神話化を徹底的に推し進めたのが、康保五(九六八)年に成立した『金剛峯寺建立修行縁起《こんごうぶじこんりゅうしゅぎょうえんぎ》』である。その著者は、仁海《にんがい》あるいはその師の雅真《がしん》とされ、後世に盛んに制作されるようになる「弘法大師絵伝《えでん》」の種本《たねほん》の役割を担ったともいわれている。

現在もなお、司馬遼太郎による『空海の風景』、陳舜臣の『曼陀羅《まんだら》の人』、夢枕獏の『沙門《しゃもん》空海唐の国にて鬼と宴《うたげ》す』など、大師を主人公とした評伝や小説が頻繁に発表されている。これらの文芸作品はもとより、お遍路さんたちが語る大師から「おかげ」を受けた霊験譚《れいげんだん》もまた、新たな空海伝、弘法大師伝説として、後世に語り継がれていくことであろう。

第二章　霊跡を巡る

室戸岬の御厨人窟

1　誕生地の伝説

大師が入定留身《にゅうじょうるしん》する和歌山の高野山、真言宗の布教の拠点であり、鎮護国家の道場でもある京都の東寺《とうじ》と並んで、大師の三大霊跡《れいせき》に数えられる香川の善通寺《ぜんつうじ》は、大師の誕生所として知られている。

善通寺

寺伝によれば、善通寺は父の佐伯直田公《さえきのあたいたぎみ》が寄進した土地に、大師が大同二(八〇七)年から弘仁四(八一三)年にかけて建立し、田公の諱《いみな》である善通《よしみち》を取って善通寺と名づけたという。これは、江戸時代中期に成立した『多度郡屏風浦善通寺之記《たどのこおりびょうぶがうらぜんつうじのき》』に基づく説であるが、東寺百合《とうじひゃくごう》文書《もんじょ》に含まれる延久四(一〇七二)年正月二十六日付の「善通寺所司《しょし》等解《らのげ》」などの史料によれば、善通寺は大師の先祖が建立した道場であるとされる。

善通寺は現在、真言宗善通寺派の総本山であり、四国八十八ヶ所の第七十五番霊場でもある。寺内には、四国八十八ヶ所霊場会の本部が置かれており、まさに、四国における大師信仰の中心といってよい。

その広大な境内は、東院《とういん》と西院《さいいん》にわかれており、東院には、本尊の薬師《やくし》如来《にょらい》を祀《まつ》る金堂《こんどう》、日本で三番目に高い五重塔（四五・二三メートル）、鐘楼《しょうろう》、釈迦堂《しゃかどう》などの堂塔が立ち並び、西院には、大師を祀る御影堂《みえどう》を中心に、護摩堂《ごまどう》や聖天堂《しょうてんどう》、本坊《ほんぼう》や宝物館、宿坊《しゅくぼう》の「いろは会館」などが甍《いらか》を連ねている。

善通寺の御影堂

御影堂が建つ場所は、佐伯氏の邸宅跡といわれており、ここには誕生院《たんじょういん》という独立した寺があったが、明治になって善通寺の一部とされた。御影堂の奥殿《おくでん》のあたりが大師が誕生した場所とされ、中庭の一角には大師の産湯《うぶゆ》井戸《いど》があり、覆屋《おおいや》の中で大切に守られている。

善通寺の山号は五岳山《ごがくざん》といい、寺域は「屛風ヶ浦《びょうぶがうら》」と呼ばれる。これは、境内の西の背後に香色山《こうしきさん》、筆山《ふでのやま》、我拝師山《がはいしさん》、中山《なかやま》、火上山《ひあげやま》の五岳が連なり、それが屛風を立てたように見えることからで、大師の時代には海岸線が今より内陸にあり、境内に迫っていたという。

大師の著作『三教指帰《さんごうしいき》』には、大師の故郷が「玉藻《たまも》帰《よ》る所の島、豫樟《よしょう》日を蔽《かく》すの浦」と記されている（第一章の1参照）。この記述のとおり、善通寺の東院境内には、樹齢千数百年といわれる二本の楠《くす》の木が鬱蒼《うっそう》と葉を茂らせており、香川県の天然記念物に指定されている。

なお、屛風ヶ浦を大師の誕生地であると初めて記すのは、永久年間（一一一三～一一一八）に成蓮坊兼意《じょうれんぼうけんに》によって撰述《せんじゅつ》された『弘法大師御伝《こうぼうだいしごでん》』である。

複数の誕生所

ちなみに、善通寺からおよそ五キロメートル北西に位置する、瀬戸内海に面した白《しら》方《かた》地区には、大師の誕生所とされる場所が、他に二ヶ所存在する。

一つは、蕪津《かぶらつ》（賀富良津とも表記）と呼ばれる静かな浜辺で、この浜こそが屛風ヶ浦であるといわれ、釈尊《しゃくそん》の故郷であるカピラヴァストゥに掛けて「迦毘羅津《かびらつ》の浜」とも称される。近くには海岸寺《かいがんじ》という寺があり、大師の産湯に使用したとする盥石《たらいいし》なる宝物《ほうもつ》が秘蔵されている。

文化年間（一八〇四～一八一八）には、真の誕生所をめぐって善通寺誕生院とこの海岸寺が争い、丸亀藩《まるがめ》を巻き込んでの訴訟事件となった。京都の大覚寺《だいかくじ》が仲裁して、善通寺を「大師誕生所」、海岸寺を「大師出化初因縁之寺《しゅっけしょいんねんのてら》」とすることで解決を図ったという。

もう一つは、蕪津の浜から弘田川《ひろたがわ》を挟んで東の方角にある、仏母院《ぶつもいん》という小さな寺が建つ場所である。ここには、御住屋敷《みすみやしき》と呼ばれる大師の母の実家があったと伝承されている。仏母院の境内には、大師の産湯井戸のほか、大師の臍《へそ》の緒《お》を納めたとされる胞衣塚《えなづか》や、大師の母を祀る御母公堂《ごぼこうどう》などがあり、本堂には、大師が幼少のころに泥で作ったという微笑ましい仏像が安置されている。

大師と八幡神

その仏母院の近くに、大師の産土神《うぶすながみ》であるといわれる熊手八幡宮《くまではちまんぐう》が鎮座している。この神社は、神功《じんぐう》皇后がこの地に立ち寄り、熊手と籏《はた》を置いていったことに始まるとされ、その神器《じんぎ》をご神体とする。大師の母は、この八幡神に祈願して大師を懐妊したといわれており、「神籬《ひもろぎ》の三角《みすみ》の地にて玉依《たまより》は神の御子《みこ》なる大師を宿す」という御詠歌《ごえいか》が伝わっている。歌の中の「三角」は、御住屋敷の「御住」の読みを当てたものである。

仏母院の胞衣塚

なお、善通寺の寺域の北西に位置する丸山《まるやま》古墳の丘陵には丸山八幡宮があり、この神社は佐伯《さえき》八幡宮とも呼ばれ、熊手八幡宮と同様に佐伯氏の氏神《うじがみ》とされる。かつてはその本殿に大師の両親の木像が祀られていたとも伝えられ、ここを佐伯氏の廟所《びょうしょ》とする説もある。

大師は入唐《にっとう》に際して、豊前国《ぶぜんのくに》の宇佐《うさ》八幡宮で『般若心経《はんにゃしんぎょう》』百巻を書写して渡海《とかい》の安全を祈願したとされ、大師と、佐伯氏の氏神である八幡神との間には、深い結びつきがある。

大師は、「薬子《くすこ》の変《へん》」を平定するために八幡神を東寺に勧請《かんじょう》したと伝えられており、東寺の鎮守八幡宮《ちんじゅはちまんぐう》に祀られる国宝の僧形《そうぎょう》八幡神坐像は、空中に出現した姿を大師が紙に写し取り、のちにそれを木彫像に刻んだものであるといわれている。

高雄《たかお》の神護寺《じんごじ》には、大師が八幡神の姿を、そして八幡神が大師の姿を、互いに描き合ったという「互《たがい》の御影《みえい》」の伝説があり、その実物を写したとされる鎌倉時代の一対の絵画が現存している。

また、大師が別当《べっとう》(責任者)を務めた乙訓寺《おとくにでら》には、首から上が八幡神、胴体の部分が大師の、「合体尊像《がったいそんぞう》」が秘仏として祀られており、その姿を刷った厄除《やくよ》けの護符《ごふ》が参拝者に授けられる。

母の霊跡

阿刀《あと》氏の女《むすめ》とされる大師の母は、信仰の上では、玉依御前《たまよりごぜん》あるいは玉依姫《たまよりひめ》と呼ばれている。その名前の由来については、「玉依」を「魂《たま》の依代《よりしろ》」すなわち巫女《みこ》であると解する説、八幡三神のうちの玉依姫命《たまよりひめのみこと》と同体と見る説などもあるが、真偽のほどは定かではない。

その母にまつわる霊跡として有名なのは、四国八十八ヶ所霊場の第十八番霊場恩山寺《おんざんじ》である。大師が女人禁制の結界《けっかい》を解き、母を迎え入れて孝養を尽くしたとされる霊場で、山号を母養山《ぼようざん》という。大師の母はこの寺で剃髪《ていはつ》したといわれ、その毛髪を納めるささやかなお堂が、大師堂の隣に寄り添うように建っている。

また、高野山麓の九度山《くどやま》町にある慈尊院《じそんいん》は、高野山の寺務を司った政所《まんどころ》として知られるだけではなく、女人禁制の高野山に登ることができなかった大師の母が身を寄せた古刹《こさつ》であるとされ、「女人高野《にょにんこうや》」として女性たちの信仰を集めてきた。大師は母に孝行するため、一ヶ月に九度も慈尊院を訪ねたと伝えられており、そのため、九度山という地名が生まれたといわれる。本尊の弥勒如来《みろくにょらい》坐像は国宝で、二十一年ごとに開帳《かいちょう》される。寺名の「慈尊」は、弥勒の別名である。

2　幼少のころの霊跡

仙遊ヶ原

『御遺告《ごゆいごう》』の記述によれば、大師は五、六歳のころより、蓮《はす》の花の台《うてな》に坐って諸仏と語らう夢を見ていたという。また、十二歳になった大師は、泥で仏像を作っては小さなお堂の中に安置し、礼拝して遊んだといわれる。

善通寺の伽藍から七〇〇メートルほど北の住宅街の中に、幼少のころの大師の遊び場であったとされる「仙遊ヶ原《せんゆうがはら》」の霊跡がある。この霊跡については、久安元(一一四五)年十二月の「善通曼荼羅両寺寺領注進状《ぜんつうまんだらりょうじじりょうちゅうしんじょう》」に「大師遊墓《あそびばか》」と出ており、その歴史は古い。

ある日、幼い大師が遊びに興じていると、傍を通りかかった問民苦使《もんみんくし》(朝廷が派遣した巡察使)が突如として馬から降り、大師を礼拝した。不思議に思った従者たちがその理由を尋ねると、問民苦使には天蓋《てんがい》を掲げて大師を守護する四天王《してんのう》の姿が見えていたという。「四王執蓋《しおうしゅがい》」あるいは「四王侍衛《しおうじえい》」と呼ばれる伝説である。

現在、仙遊ヶ原には、延命地蔵菩薩《えんめいじぞうぼさつ》を本尊とする地蔵堂が建っており、その軒下には、「四王執蓋」の様子を描いた絵馬や、「あめがした一人のひじりみ仏と遊びたまひし跡ぞたうとし」の御詠歌を記した扁額《へんがく》が奉納されている。

また、境内には大きな楠の木が葉を茂らせており、この木の下に赤子を置き、その後、母親が抱き上げて地蔵堂に参拝すると、夜泣きが止むといわれている。この伝承は、のちに紹介する「あこう御前《ごぜん》」の話（本章の5参照）と関係するものと思われる。

捨身ヶ嶽

善通寺を守護するように聳《そび》える五岳の一つ、我拝師山《がはいしさん》（四八一メートル）の麓に、四国八十八ヶ所の第七十三番霊場である出釈迦寺《しゅっしゃかじ》がある。出釈迦寺は当初、我拝師山の山上にあり、第七十二番霊場曼荼羅寺《まんだらじ》の行道所《ぎょうどうしょ》と位置づけられていた。曼荼羅寺は、善通寺と並ぶ佐伯氏の氏寺《うじでら》である。

捨身ヶ嶽の御影札

七歳になった大師は、この山に登り、自身の一生涯を仏道修行に捧げる決意を示すため、また、自身が仏法を学び、それによって人々を救済することが可能であるかどうかを占うため、険しい断崖から谷底へ身を投じた。すると、天人《てんにん》が現れて大師の身体を受け止め、釈迦如来《しゃかにょらい》が出現したと伝えられる。出釈迦寺の寺名はこの逸話に由来し、それ以後、倭斯濃山《わしのやま》と呼ばれていた山の名も、我拝師山に改められたという。

大師が捨身誓願《しゃしんせいがん》したとされる場所は「捨身ヶ嶽《しゃしんがだけ》」と呼ばれ、現在は出釈迦寺の奥之院として、釈迦如来を祀る堂宇《どうう》や、参籠所《さんろうしょ》が建立されている。

崇徳《すとく》上皇の御陵《ごりょう》を参拝するために讃岐《さぬき》を訪れた平安時代後期の歌人、西行《さいぎょう》法師は、曼荼羅寺の近くに庵《いおり》を結んで逗留《とうりゅう》したが、捨身ヶ嶽にも登嶺《とれい》している。その著作『山家集《さんかしゅう》』には、山上で高野山の大塔と同じ規模の塔の跡を見たことが記されており、「巡り逢《あ》はんことの契《ちぎ》りぞありがたき厳しき山の誓ひ見るにも」という、捨身ヶ嶽を詠んだ和歌が収録されている。

獅子之岩屋

第七十一番霊場の弥谷寺《いやだにじ》は、山上他界《さんじょうたかい》の霊地として古くから信仰を集めてきた。西讃地方(香川県西部)では、初七日、四十九日、一周忌などに死者の位牌や遺骨を弥谷寺に納める「イヤダニマイリ」の風習があり、死者の魂は、弥谷寺を経て浄土へ旅立つと考えられている。

弥谷寺の大師堂は、大きな岩屋の中に設けられており、その岩屋の奥にはさらに小さな岩窟《がんくつ》があり、そこが、幼少のころの大師が学問をおこなった場所であると伝えられている。岩窟は、大きく開けられた獅子《しし》の口のように見えるので「獅子之岩屋《ししのいわや》」と呼ばれており、さらに、唐より帰国後の大師がここで虚空蔵求聞持法《こくうぞうぐもんじほう》を修したとされることから「聞持窟《もんじくつ》」とも称される。求聞持法の修行を成し終えた結願《けちがん》の際には、天空より五振《ふり》の剣が降ったといわれ、そのため弥谷寺の山号は剣五《けんご》山《ざん》という。

弥谷寺の獅子之岩屋

弥谷寺には、大師が唐より請来《しょうらい》したとされる金銅五鈷《こんどうごこ》鈴《れい》が寺宝として伝わっており、国の重要文化財に指定されている。

以下は、仮名の手習い歌として親しまれている「いろは歌」である。

いろは歌

「色《いろ》は匂《にほ》へと　散《ち》りぬるを　我《わ》か世《よ》たれそ　常《つね》ならむ　有為《うゐ》の奥山《おくやま》　今日《けふ》越《こ》えて　浅《あさ》き夢見《ゆめみ》し　酔《ゑ》ひもせす」

この歌は、撥音《はつおん》の「ん」を除く日本語の四十七の音をすべて用いて作られており、なおかつ、仏教が説く諸行無常《しょぎょうむじょう》の真理を平易かつ巧みに詠み込んでいる。

「いろは歌」の作者について学術的な定説はないが、使われる音の種類が中世のものであることや、韻《いん》の形式が今様《いまよう》であることなどから、十世紀末から十一世紀中葉までに成立したとされている。

しかし古来、巷《ちまた》では、「いろは歌」は大師によって創作されたと伝えられてきた。表音文字を用いるインドのサンスクリット語に精通し、優れた文学の才能を具《そな》えた大師に、この歌の作者が仮託《かたく》されたのであろう。

徳島県石井町にある童学寺《どうがくじ》は、大師が「いろは歌」を作ったとされる霊跡で、大師が七歳から十五歳まで学問を修めた寺であるという伝承もある。本坊に面した庭園の一隅には、大師が硯《すずり》の水に用いたとされる「御筆《おふで》の加持水《かじすい》」が滾々《こんこん》と湧いており、この水で墨を磨《す》って書道に臨めば、腕前が上がるという信仰がある。

3　室戸での修行

御厨人窟

室戸岬《むろとみさき》の先端にある「御厨人窟《みくろど》」と呼ばれる洞窟は、善通寺と並び、四国で最も有名な大師の霊跡である（本章扉写真）。大師はこの洞窟でも虚空蔵求聞持法を修し、光り輝く明星《みょうじょう》が口より体内に入るという奇跡を体験したといわれている。

『三教指帰《さんごうしいき》』の序文には、「阿《あ》国大瀧嶽《こくたいりょうのたけ》に躋《のぼ》り攀《よ》じ、土州室戸崎《どしゅうむろとのさき》に勤念《ごんねん》す。谷響きを惜しまず、明星来影《らいえい》す」と記されており、「阿国大瀧嶽」は阿波《あわ》の第二十一番霊場太龍寺《たいりゅうじ》に、「土州室戸崎」は土佐《とさ》の室戸岬に相当すると考えられている。

暗闇に包まれた御厨人窟の内部から明るい窟の外を見ると、まっすぐな太平洋の水平線が目に飛び込んでくる。海の青と空の青とがせめぎ合うこの雄大な風景にちなみ、大師はみずからの名を「空海」と定めたと、遍路《へんろ》修行者たちの間では語り継がれている。そこは耳を澄ませば、岩に砕け散る波の音に紛れて大師の息遣いが聞こえてくるような神秘的な空間で、参拝者の中には感激の涙を流す者も多い。

御厨人窟の東側には、もう一つの小さな洞窟があり、「神明窟《しんめいくつ》」と呼ばれている。この神明窟こそが大師が求聞持法を修した場所であって、御厨人窟は、食事や寝泊りに用いた居住スペースであったという意見もある。

愛満権現と宝満権現

御厨人窟の最も奥には、土佐藩主によって寄進された石の祠《ほこら》があり、愛満権現《あいまんごんげん》、宝満権現《ほうまんごんげん》という二神が祀られている。江戸時代の遍路案内書には、昔この洞窟には人に危害を加える毒龍が棲んでいたが、大師がその龍を退治し、窟内にこの二神を祀ったと紹介されている。

鎌倉時代に成立した、高野山の奥之院に関する覚書『奥院堂塔興廃記《おくのいんどうとうこうはいき》』によれば、奥之院の御廟橋《みみょうのはし》の手前にはかつて小さな社《やしろ》が二つあって、愛慢《あいまん》、愛語《あいご》という二神が勧請されており、御《み》厨明神《くりやみょうじん》と呼ばれていたという。同書にはさらに、御厨明神は土佐の国の神で、密教の法を喜び、大師に影のように随身《ずいしん》して守護する存在であるとも記されている。御厨明神の名称が御厨人窟のそれに由来し、愛慢神が愛満権現に相当することは明らかであり、もう一方の愛語神が宝満権現と同一の存在であることも想像に難くない。

また、第三十八番霊場金剛福寺《こんごうふくじ》の寺領である四国最南端の足摺岬《あしずりみさき》にも、愛満嶽《あいまんだけ》、宝満嶽《ほうまんだけ》という険しい断崖があって、両権現が祀られている。これら二神は、山林修行時代の大師に奉仕した弟子仲間であったと推測されている。

起伏に富んだ岩場の地形が広がる室戸岬一帯は、世界ジオパークにも登録されている。そして、奇岩や巨岩が林立する海岸が続く御厨人窟の周辺には、「室戸の七不思議」と呼ばれる大師の霊跡が点在する。その数え方には複数の説があるが、第二十四番霊場最御崎寺《ほつみさきじ》の伝承によって、それらを紹介しよう。

室戸岬の七不思議

第一は、最御崎寺の参道や境内に繁茂する亜熱帯性の植物「喰《く》わず芋《いも》」にまつわる伝説である。この植物は、見た目は里芋に酷似するが、その芋には毒があり、食べることができない。大師がこの地で里芋を所望した際、村人が「これは食べられない」といって断ったところ、本当に食べられないものになってしまったという。慳貪《けんどん》を戒める霊験譚《れいげんだん》である。「喰わず貝」（高知県安芸郡）や「喰わずの梨」（香川県高松市）など、四国各地に類似の伝説は多い。

第二は、最御崎寺の境内に安置されている「鐘石《かねいし》」という大きな石で、小石で打つと金属音を発する。その音は冥途《めいど》の死者の耳にも届くといわれている。

第三は、最御崎寺の登山口にある「観音窟《かんのんくつ》」と呼ばれる洞窟で、大師が一夜にして築いたので「一夜建立《いちやこんりゅう》の岩屋《いわや》」とも称される。内部に祀られていた大理石の如意輪観音《にょいりんかんのん》像は、大師が唐より請来したものとも、海底の龍宮《りゅうぐう》から引き上げられたものともいわれ、現在は最御崎寺の宝物館に収蔵されている。

第四は、明星を飲み込んだ大師が唾《つば》を吐くと、それが付着した岩が光り輝き、その光明が毒龍を退けたという「明星石《みょうじょうせき》」である。海岸にある、特殊な鉱物を含んだ岩をいう。

第五は、大師が沐浴《もくよく》をおこなったとされる「行水《ぎょうずい》の池」で、第六は、その水で目を洗えば「目洗いの池」である。いずれも、海辺にありながら真水《まみず》を湛《たた》えているところに特徴がある。

大理石の如意輪観音像(最御崎寺)

大師の加持力《かじりき》によって眼病が癒えるとされる

第七は、最御崎寺への登山道の途中にある「捻岩《ねじりいわ》」の霊跡で、そこには屋根のような形の巨岩がある。大師の母が女人禁制の掟を破って寺に登ろうとしたところ俄《にわ》かに暴風雨が起こったため、母を匿《かくま》うために大師が法力《ほうりき》で捻じ曲げたという岩である。

天狗問答

後堀河《ごほりかわ》天皇の勅命によって藤原定家《ふじわらのていか》が編纂した『新勅撰和歌集《しんちょくせんわかしゅう》』には、大師が室戸岬で詠んだとされる、次の和歌が収められている。

法性《ほっしやう》の室戸といへどわが住めばうゐの波風寄せぬ日ぞなき

「世間のけがれを離れた室戸ではあるが、そこに住んで修行していると、絶え間なく起こる波風のように、心に煩悩が現れてこない日はないことよ」という、修行の困難さを表現した歌である。「室戸」の語には、煩悩や迷いが消滅した状態を表す言葉「無漏《むろ》」が掛けられている。

室戸岬は、古くから修行者が集う行場《ぎょうば》であり、大師もそのような修行者たちに交じって、荒波や強い風が寄せる過酷な自然環境の下、厳しい修行に励んだものと思われる。

第二十四番霊場の最御崎寺、第二十五番霊場の津照寺《しんしょうじ》とともに室戸三山《むろとさんざん》に数えられる第二十六番霊場の金剛頂寺《こんごうちょうじ》は、当初は金剛定寺《こんごうじょうじ》と号したという。「定」は、仏教の修行者が修める禅《ぜん》定《じょう》、すなわち瞑想修行を指す語である。

金剛頂寺には、夜な夜な天狗《てんぐ》が現れて修行者の邪魔をしていたが、大師が天狗たちを集めて問答し、屈服させたという「天狗問答」の話が伝わっている。密教では、「障碍者《しょうげしゃ》」といわれる魔物が、暴風雨を起こしたり、行者の心を惑わせたりして修行を妨げると考えられている。

ここにいう天狗も、そのような魔物の類を表現したものと予想され、当地における修行がいかに困難であったかを物語る逸話である。

大師は、天狗たちを二度と寄せつけぬよう、自身の像を刻んで楠の木の洞《うろ》の中に納めたといわれる。また、大師は天狗たちを足摺岬に追い遣ったとも伝えられ、金剛頂寺の大師堂は足摺岬の方角を向いており、大師は今もなお睨《にら》みを利《き》かせているという。

4 大師と水

満濃池

大師がおこなった代表的な社会事業として、私立学校である綜芸種智院《しゅげいしゅちいん》の開設とともにしばしば取り上げられるのが、讃岐《さぬき》の満濃池《まんのういけ》の修築である。

降水量が少ない瀬戸内の気候に属し、大河が流れていない讃岐平野では、灌漑《かんがい》のために溜池《ためいけ》が大きな役割を担ってきた。善通寺や金刀比羅宮《ことひらぐう》からも近い満濃池は、大宝年間(七〇一~七〇四)に金倉川《かなくらがわ》を堰《せ》き止めて創築されたが、堤防が決壊し、修復がままならぬ状況にあった。

弘仁十二(八二一)年五月、讃岐の国司《こくし》の発議を受けた朝廷は、官符《かんぷ》を下して大師を満濃池修築の別当《べっとう》（責任者）に任命した。

修築には、大師の徳を慕って多くの民衆が協力し、工事はわずか三ヶ月で終了したとされる。

『日本紀略《にほんきりゃく》』は大師の人気ぶりを、「百姓《ひゃくせい》の恋慕すること父母の如し。若《も》し師来《きた》ると聞かば、必ず履《くつ》を倒《さかさま》にして相迎《そうげい》せん」〈民衆は大師を父母のように慕い、もし大師が来ると聞いたなら、靴も履かずに急いで迎えに出た〉と記録している。

満濃池

当時の池の大きさは、周囲二里《り》二十五町《ちょう》（約八・二五キロメートル）、面積八十一町歩《ちょうぶ》（約八一ヘクタール）であったとされ、アーチ状の堤防や余水吐《よすいはき》を施設するなど、大師が唐で学んだとされる土木技術が遺憾《いかん》なく応用されていた。現在でも堤防の北西端に余水吐の遺構が見られ、岩の表面に削った痕跡があることから「大師のお手斧《ちょうな》岩」と呼ばれている。また、大師が工事の安全を祈って護摩《ごま》を修した場所とされる「護摩岩」が、今では小さな島となって残っている。

満濃池は、今もなお「讃岐の水瓶《みずがめ》」としての機能を果たし続けており、毎年六月十五日には、農作業に備えて取水口を開く「ゆる抜き」の行事がおこなわれ、夏の風物詩となっている。

大輪田泊

十二世紀中頃に成立したと考えられている大師の伝記の一つ『弘法大師《こうぼうだいし》行化記《ぎょうけき》』(群書類従本)には、天長二(八二五)年三月、大師が摂津国《せっつのくに》の「大輪田船瀬所《おおわだのふなせしょ》」、つまり大輪田泊《おおわだのとまり》といわれる港を修造する別当に任命された際の太政官符《だじょうかんぷ》が引用されている。それが史実であるかどうかについては、史料の信憑性《しんぴょうせい》を含め、定かではないが、平成十五(二〇〇三)年には、神戸市兵庫区で実際に大輪田泊の遺構が発見され、メディアの注目を浴びた。

大輪田泊は、奈良時代に行基菩薩《ぎょうきぼさつ》が築いたとされる五つの港(河尻《かわじり》泊、大輪田泊、魚住《うおずみ》泊、韓《から》泊、檉生《むろう》泊)のうちの一つである。平清盛が日宋貿易の拠点としたことでもその名が知られているが、清盛が整備した港は、実際には別の場所であったとされる。

この港は大阪湾や瀬戸内海における海上交通の要衝であり、その整備に際して、大師の土木工学の豊かな知識と、人夫を集めるためのそのカリスマ性に期待が寄せられたとも考えられる。

寛平七(八九五)年の成立とされる『贈大僧正空海和上伝記《ぞうだいそうじょうくうかいわじょうでんき》』には、大師が京都の神《しん》泉苑《せんえん》で雨乞いの祈禱《きとう》をおこなって滂沱《ぼうだ》の雨を降らせ、その功績によって少僧都《しょうそうず》に任命されたという伝説が記載されている。神泉苑は、平安京の大内裏《だいだいり》造営の際に創設された天皇のための庭園であり、二条城の南に位置している。

神泉苑での祈雨

史実では、大師が少僧都に任じられたのは天長元(八二四)年であり、『日本紀略』には、天長四(八二七)年に大師が宮中で舎利《しゃり》(釈尊の遺骨)を祀って降雨を祈ったことが記されている。

神泉苑での祈雨《きう》について、『御遺告《ごゆいごう》』はさらに詳しく紹介しており、大師が池の畔《ほとり》で修法《しゅほう》すると、ヒマラヤ山中にある無熱池《むねっち》に棲むとされる善女龍王《ぜんにょりゅうおう》が出現し、大師の祈りに応えたという。龍王は八寸《すん》(約二五センチメートル)ほどの金色《こんじき》の蛇で、長さ九尺《しゃく》(約二七三センチメートル)もある大蛇の頭に乗っており、実恵《じちえ》、真済《しんぜい》、真雅《しんが》、真照《しんしょう》、堅恵《けんね》、真暁《しんぎょう》、真然《しんぜん》などの、十分に修行と徳を積んだ高弟のみ、その姿を拝することができたと語られている。

弘法清水

大師の伝説の中で最も類例が多いのが、泉や井戸などの、水源を探し当てたというものである。それらの水は「弘法清水《こうぼうしみず》」と総称され、北海道と沖縄を除く日本各地に、千四百ヶ所ほど存在するといわれている。

四国八十八ヶ所霊場の中にも、弘法清水にちなむ縁起を伝える寺院がいくつかある。

徳島の第三番霊場金泉寺《こんせんじ》は、当地の人々のために大師が掘った井戸から黄金の霊水が湧いたことから、金光明寺《こんこうみょうじ》と号していた寺名が現在の「金泉寺」に改められたという寺である。また、第十七番霊場井戸寺《いどじ》は、境内に大師が錫杖《しゃくじょう》を用いて一夜にして井戸を掘ったので、そのような寺号になったという。この井戸は「面影《おもかげ》の井戸」と呼ばれ、覗《のぞ》き込んで水面に自分の姿が映れば無病息災でいられるといわれ、寺の呼び物にもなっている。

高知の第三十五番霊場清瀧寺《きよたきじ》は、当所において大師が七日間の修法をおこない、結願の日に岩の上を金剛杖《こんごうづえ》で突くと清水が滾々《こんこん》と湧出し、滝になったといわれ、その出来事が寺名の由来になっている。

愛媛の第四十八番霊場西林寺《さいりんじ》の近くには、「杖《じょう》の淵《ふち》」という池があり、澄み切った清冽《せいれつ》な湧き水を湛えている。この清水にも大師が錫杖で水脈を掘り当てたという伝説があり、西林寺の奥之院に定められている。全国の「名水百選」にも選ばれており、近郊から多くの人がその水を汲みに訪れ、休日には行列ができるほどである。

これらに限らず四国では、霊場寺院の境内や参道、遍路道の路傍にも数多くの弘法清水が湧き出ており、それらは加持水《かじすい》、金剛水《こんごうすい》、閼伽水《あかすい》などと呼ばれ、遍路修行者たちの喉の渇きを潤し続けている。

杖の淵

魚の伝説

水とのつながりから、魚にまつわる大師の伝説を取り上げておこう。

最も有名なのは、「鯖大師《さばだいし》」として信仰を集める徳島県海部《かいふ》郡の八坂寺《やさかでら》に伝わる、大師が塩漬けの鯖を生き返らせたという話であるが、それについては第三章で詳しく紹介する。

そのほか、愛媛県松山市には、「片目鮒《かためぶな》」の伝説がある。大師が当地を通りかかると、一人の老人が鮒を網に載せて焼いていたが、大師がその鮒を譲り受けて井戸に放すと、半身が焼かれたまま元気に泳ぎ出した。以来、その井戸に棲む鮒はすべて片目であったという。また、井戸は近くの「紫井戸《むらさきいど》」とつながっていて、そちらでも片目の鮒を見ることができたそうである。伊予の名物や名所を巧みに詠み込んだ伊予節《いよぶし》にも、「伊予の松山名物名所　三津《みつ》の朝市　道後《どうご》の湯　音に名高き五色素麺《そうめん》　十六日の初桜　吉田さし桃　小杜若《こかきつばた》　高井《たかい》の里のていれぎや　紫井戸や片目鮒　薄墨桜や緋《ひ》の蕪《かぶら》　ちょいと　伊予絣《がすり》」と謡《うた》われている。

　また、高野山の周辺には、大師が串刺しにして焼かれていた魚を買い取って川に放したところ、生き返って泳いで行ったという同様の話があり、実際に、大師の御廟《ごびょう》の近くを流れる玉川《たまがわ》には、背中に串を刺された痕《あと》のような模様がある小魚が生息している。これは、油鮠《あぶらはや》という種類の淡水魚で、高野山ではババジャコと呼ばれ、釣ることが禁忌《きんき》とされている。

5　四国八十八ケ所霊場

四国遍路の成立

四国遍路《しこくへんろ》は、大師がかつて修行した霊跡を巡る、巡礼の一種である。大師が活躍した時代には、海辺を中心に、塵界《じんかい》を離れた四国の各地に修行者たちが集まり、厳しい環境に身を置いて自然と対峙しながら、心身を清めて功徳《くどく》を得るための「浄行《じょうぎょう》」

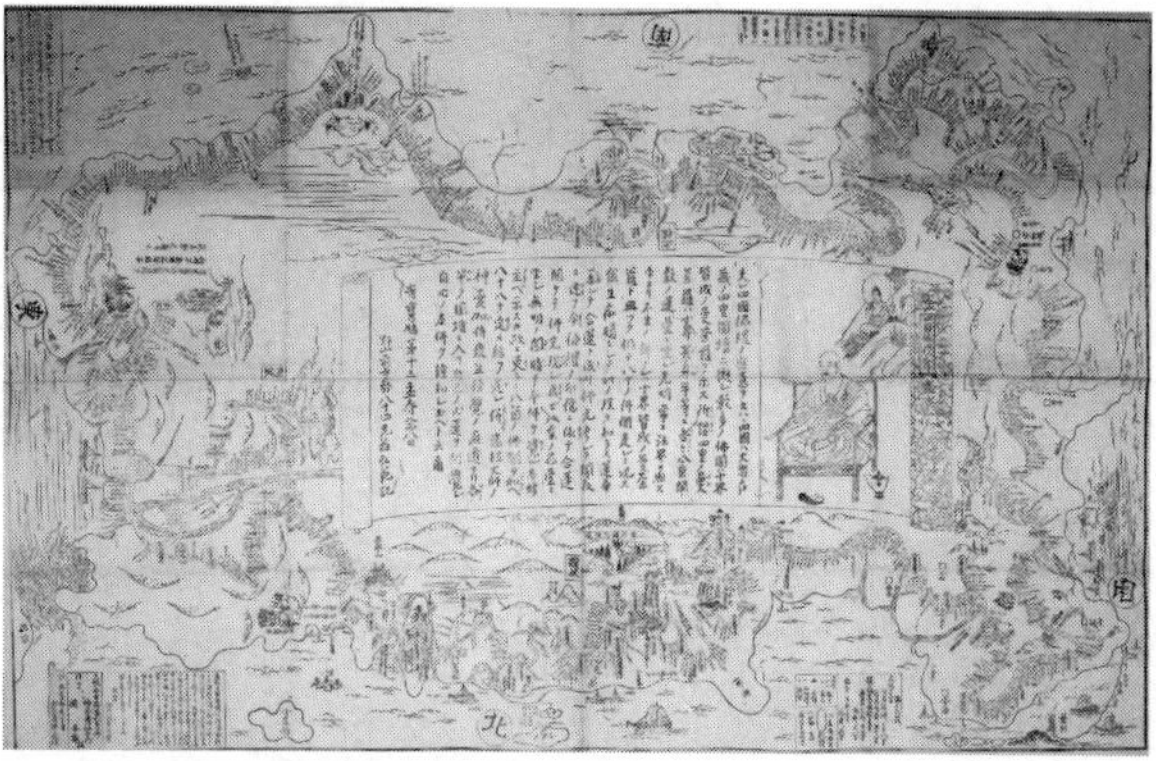

四国偏礼絵図(香川県立ミュージアム)

に励んだ。大師の著作『三教指帰《さんごうしいき》』では、阿波《あわ》の大瀧《たいりょう》ヶ《が》嶽《だけ》、土佐の室戸岬、伊予の石鎚山《いしづちさん》などの行場《ぎょうば》に言及されており、若き日の大師が、そのような浄行に参加して苦修練行《くしゅれんぎょう》を重ねたことは間違いない。

なお信仰のうえでは、唐から帰国した大師が、弘仁六(八一五)年に再び四国を巡錫《じゅんしゃく》し、八十八ヶ所の霊場寺院を定めたといわれている。帰国後すぐ、九州に留め置かれていた数年の間に、大師が四国を訪れて霊場を開創《かいそう》したとの説もある。

特に海辺での修行は、「辺地《へち》修行」あるいは「辺路《へじ》修行」と呼ばれるようになるが、後世、それが変化して「遍路《へんろ》修行」という言葉が生じた。「へんろ」の表記には「遍路」や「偏礼」の漢字が用いられることもある。

平安時代末期に成立した『今昔物語集《こんじゃくものがたりしゅう》』の巻三十一には、「四国の辺地と云《いふ》は、伊予讃岐阿波土佐の海辺の廻《めぐり》也」と記されており、同じ時代に後白河《ごしらかわ》法皇が撰した『梁塵秘抄《りょうじんひしょう》』の巻二には、「我等《われら》が修行せしやうは　忍辱袈裟《にんにくけさ》をば肩に掛け　また笈《おひ》を負ひ　衣はいつとなくしほたれて（潮垂れて）　四国の辺地をぞ常に踏む」〈われわれが修行をおこなったときには、修行僧が身に着ける粗末な袈裟を肩に掛け、また笈を背負い、衣服を常に波しぶきで濡らしながら、四国の海辺を巡り歩いた〉という今様《いまよう》の歌が収録されている。

このような海浜修行の背景には、海上の遥か彼方にあるとされる常世《とこよ》の国への憧憬《しょうけい》があり、やがてそれは、南海に浮かぶ観音《かんのん》の浄土、補陀落《ふだらく》（サンスクリット語「ポータラカ」の音写）への信仰と習合《しゅうごう》する。

南紀で熊野《くまの》信仰が盛んになると、辺地（辺路）修行のために多くの熊野修験者《しゅげんじゃ》が四国を訪れるようになる。彼らはいくつかの拠点を形成し、それらを結ぶルートが、四国遍路の巡礼道の原型となったとされる。八十八ヶ所の霊場の中には、鎮守《ちんじゅ》として熊野権現《ごんげん》を祀る寺院が少なくなく、それらの寺院は熊野修験者たちの屯《たむろ》する場所であったと考えられている。

さらに、浄財《じょうざい》を募るために高野山を下って諸国を巡った「高野聖《こうやひじり》」の唱導《しょうどう》などによって大師信仰が流布すると、大師の霊跡を訪ねて四国の各所を巡回する僧侶たちが現れる。そして、辺地修行と大師信仰が融合して、狭い意味での四国遍路が誕生したのは十六世紀の初めのころと考えられているが、当時はまだ、四国遍路は出家者のための特殊な修行の一つであった。

江戸時代になると、澄禅《ちょうぜん》の『四国遍路日記《しこくへんろにっき》』、宥弁真念《ゆうべんしんねん》の『四国辺路道指南《しこくへんろみちしるべ》』および『四国《しこく》徧礼功徳記《へんろくどくき》』、寂本《じゃくほん》の『四国徧礼霊場記《しこくへんろれいじょうき》』などが相次いで著され、八十八の霊場とその順番が確定する。なかんずく、貞享四（一六八七）年に初版が刊行された真念の『四国辺路道指南』は、実用的なガイドブックであり、一般庶民への四国遍路の普及に大きな役割を果たした。真念はまた、四国の各地に標石《ひょうせき》を建立し、宿泊施設を整備するなどして遍路修行者を助けた。

八十八の意味

なぜ、四国の霊場の数は八十八なのか。それには諸説あって、いまだ定説を見ていない。釈尊の舎利《しゃり》を八つにわけて祀ったインドの八大霊塔《はちだいれいとう》にちなむという説、男性の厄年《やくどし》の四十二、女性の厄年の三十三、子どもの厄年の十三を合計した数とする説、『三十五仏名礼懺文《さんじゅうごぶつみょうらいさんもん》』の三十五仏と『観薬王薬上二菩薩経《かんやくおうやくじょうにぼさつきょう》』の五十三仏を足した数であるとする説、熊野《くまの》九十九《つくも》王子《おうじ》の影響を受けたという説、「米」の字を分解したという説などがある。

四国八十八ヶ所の霊場寺院で組織する霊場会では、『倶舎論《くしゃろん》』に説かれる八十八の煩悩（見惑《けんわく》八十八使）の数にちなむとする説を採用している。八十八ヶ所の霊場を巡拝することによって、煩悩が一つひとつ消滅し、巡り終えてゴールの結願《けちがん》を迎えたときには、悟りの世界に辿《たど》り着けると考えられている。

また、阿波、土佐、伊予、讃岐の四つの国をそれぞれ、『大日経《だいにちきょう》』に説かれる四転説《してんせつ》、すなわち悟りへ至るための四つのプロセスである発心《ほっしん》、修行《しゅぎょう》、菩提《ぼだい》、涅槃《ねはん》に当てはめる説も、四国遍路の重要な教義である。「発心」とは、悟りを求める意欲を起こすこと、「修行」とは、文字通り悟りに向かって修行すること、「菩提」とは、自己への執着《しゅうじゃく》を離れ、他者を思いやる慈悲《じひ》の心をもつこと、「涅槃」とは、苦しみのない穏やかな悟りの世界に入ることを意味する。

しかし、四国遍路に教義として四転説が取り入れられたのは、昭和になってからのことであるといわれ、意外にその歴史は新しい。ただし、四国遍路の道程を『大日経』が説く胎蔵曼荼羅《たいぞうまんだら》に重ね合わせる解釈は、宝暦十三（一七六三）年成立の『四国偏礼絵図《しこくへんろえず》』の序文などにすでに見られる。また、奈良の吉野《よしの》から和歌山の那智《なち》へ至る大峰《おおみね》修行の奥駈道《おくがけみち》には、発心、修行、等《とう》覚《がく》、妙覚《みょうがく》を表す四つの門（鳥居《とりい》）があり、両者の関係を指摘する意見もある。「等覚」は修行の完成を、「妙覚」は最高の悟りの境地を意味する。

衛門三郎

四国遍路のはじまりについては、衛門三郎《えもんさぶろう》(右衛門三郎とも表記)なる人物の伝説が、あまねく知られている。

天長のころ、四国を巡錫していた大師は、伊予国浮穴郡《うけなのこおり》の荏原《えばら》の里(現在の松山市恵原《えばら》町)にあった衛門三郎の立派な屋敷に托鉢《たくはつ》に訪れるが、強欲非道な三郎は何度も布施《ふせ》を断り、あげくの果てには、大師が手にしていた鉄鉢《てっぱつ》を竹箒《たけぼうき》で打ち割ってしまう。するとその日から、八人いた子どもが次々に亡くなるという不幸が三郎に降りかかる。

大師と衛門三郎の像(杖杉庵)

大師への非礼を悔いた衛門三郎は、赦《ゆる》しを請うために大師を追って四国中を何度も巡ったが容易には出会えず、二十一周目にして阿波の地でようやく大師に再会するが、力尽きて息絶えてしまう。この巡回こそが遍路修行の始まりであるとされ、三郎が歩いた足跡が、遍路道になったといわれている。

大師は、衛門三郎が息を引き取る直前、その左手に彼の名を刻んだ小石を握らせた。その後、伊予の豪族であった河野息利《こうのやすとし》に長男の息方《やすかた》が生まれたが、不思議にも左手の掌《てのひら》が開かない。そこで河野氏の氏寺であった安養寺《あんようじ》で祈願すると、掌が開き、「衛門三郎再来」と刻まれた丸い石が出てきたという。三郎は河野家の嫡男として再生したのであり、爾来《じらい》、安養寺は石手寺《いしてじ》と号されるようになった。石手寺は、第五十一番の霊場である。

この伝説を記す最古の史料は、永禄十(一五六七)年四月の銘がある「石手寺刻板《いしてじこくばん》」であり、そのころにはすでに、この伝説が四国に流布していたことがうかがえる。

衛門三郎の屋敷があったとされる場所には、文殊院《もんじゅいん》という寺があり、その近くには、六世紀に築かれたとされる八つの円墳(八塚古墳群《やつづか》)があるが、それらは三郎の八人の子どもたちの墓であると伝承されている。また、壊れた大師の鉄鉢の破片が飛んで行った場所には八つの泉が湧いたとされ、「八窪《やくぼ》」と称されている。

そして、第十二番霊場焼山寺《しょうさんじ》の麓にある「杖杉庵《じょうしんあん》」は、大師を追って四国を巡り続けた衛門三郎が大師に邂逅《かいこう》した現場とされる。庵の傍に聳《そび》える杉の木は、三郎が突いていた杖が芽を吹いて育ったものであるとされ、その杉の木の下には、京都の仁和寺《にんなじ》より贈られたとされる「光明院四行八蓮大居士」という戒名を刻んだ三郎の墓が建立されている。

現在、遍路修行者たちは、衛門三郎を「遍路の元祖」と敬い、信仰の対象としている。

苅萱《かるかや》道心《どうしん》と石童丸《いしどうまる》の悲話を語った説経節《せっきょうぶし》の『苅萱』には、江戸時代の刊本に限って、「高野《こうや》の巻《まき》」といわれる、もう一つの四国霊場の開創譚《かいそうたん》が含まれている。

あこう御前

それによれば、大師の母は「あこう御前《ごぜん》」という唐の国の皇女で、船で流されて讃岐の屏風《びょうぶ》ヶ《が》浦《うら》に漂着し、大師の父となる「とうしん太夫《たいふ》」に救われる。あこう御前は黄金の魚が体内に入る夢を見て大師を身ごもったと語られ、大師の幼名は「金魚丸《きんぎょまる》」とされる。金魚丸はひどく夜泣きしたので浦人《うらびと》に厭《いと》われ、あこう御前は幼い金魚丸を連れて苦労を重ねながら四国を放浪するが、その足跡が八十八ヶ所の霊場と遍路道になったという。

あこう御前は、のちに「阿古屋《あこや》御前」ともいわれるようになり、大師の父とされる「とうしん太夫」には「藤新」の漢字が当てられた。

しかし、元禄三(一六九〇)年に大師が示したさまざまな霊験《れいげん》を集めて『四国偏礼功徳記』を出版した真念は、同書において「然《しか》るに世にしれ者ありて、大師の父は藤新太夫といひ、母はあこや御前といふなど、つくりことをもて人に售《うる》。(中略)これは伝記をも見ざる愚俗《ぐぞく》のわざな

四国別格二十霊場

①大山寺(板野郡)	⑪正善寺(西条市)
②童学寺(名西郡)	⑫延命寺(四国中央市)
③慈眼寺(勝浦郡)	⑬仙龍寺(四国中央市)
④鯖大師本坊(海部郡)	⑭椿堂(四国中央市)
⑤大善寺(須崎市)	⑮箸蔵寺(三好市)
⑥龍光院(宇和島市)	⑯萩原寺(観音寺市)
⑦出石寺(大洲市)	⑰神野寺(仲多度郡)
⑧十夜ヶ橋(大洲市)	⑱海岸寺(仲多度郡)
⑨文殊院(松山市)	⑲香西寺(高松市)
⑩西山興隆寺(西条市)	⑳大瀧寺(美馬市)

らん」と記して、この俗説を批判している。

番外霊場と写し霊場

四国の津々浦々には、八十八ヶ所の霊場寺院以外にも、数々の大師の霊跡が存在し、枚挙に暇《いとま》がない。それらの霊跡は、「番外霊場」と呼ばれ、多くの遍路修行者が寄り道して参拝してゆく。

番外霊場は、霊場寺院をしのぐ名刹《めいさつ》から路傍の小さな祠《ほこら》まで、バラエティーに富んでいるが、昭和四十三(一九六八)年には、番外霊場のうちの二十の寺院が集まって「四国別格《べっかく》二十霊場」が創設された。

その第三番の慈眼寺《じげんじ》は、大師が開いたとされる洞窟の中でおこなう「穴禅定《あなぜんじょう》」の修行を体験できる霊場として有名である。第十一番の正善寺《しょうぜんじ》は、大師が楠《くす》の立木《たちき》に彫ったとされる地蔵菩薩《じぞうぼさつ》像を本尊とし、「生木《いきき》地蔵」として信仰を集める。深山幽谷の地に建つ第十三番の仙龍寺《せんりゅうじ》は、大師が四十二歳のときに自身で彫ったとされる大師像を祀る厄除《やくよ》けの霊場であり、第十四番の椿堂《つばきどう》（常福寺《じょうふくじ》）には、大師が地面に突き立てた杖から芽吹いて育ったとされる椿の霊木がある。紙幅の都合ですべてを紹介できないが、いずれの霊場も特色ある大師の伝説に彩られている。

また、全国各地には、「写し霊場《うつしれいじょう》」あるいは「新四国《しんしこく》」と呼ばれる八十八ヶ所のミニチュア版が開設されている。それらは、四国まで足を運ぶことができない大師信者のためのものであり、香川県の小豆島《しょうどしま》八十八ヶ所、愛知県の知多《ちた》八十八ヶ所、福岡県の篠栗《ささぐり》八十八ヶ所は三大新四国として有名である。特に小豆島の霊場は「島四国《しましこく》」として人気が高い。東京にも、真言宗豊山派《ぶざんは》の寺院を中心に構成された御府内《ごふない》八十八ヶ所がある。

遍路衣装

お遍路さん、すなわち遍路修行者の衣装といえば、死出《しで》の旅を連想させる白装束《しろしょうぞく》のイメージが強いが、明治から昭和初期にかけて撮影された古い写真を見ると、当時は比較的自由な服装で遍路修行がおこなわれており、白装束が定着するのは戦後になってからのようである。

遍路修行者が羽織る袖《そで》のない笈摺《おいずる》は、笈を背負って遍路の旅をした時代、衣服が擦り切れるのを防ぐために着用した上着で、その背中には「南無大師遍照金剛《なむだいしへんじょうこんごう》」の御宝号《ごほうごう》と「同行二人《どうぎょうににん》」

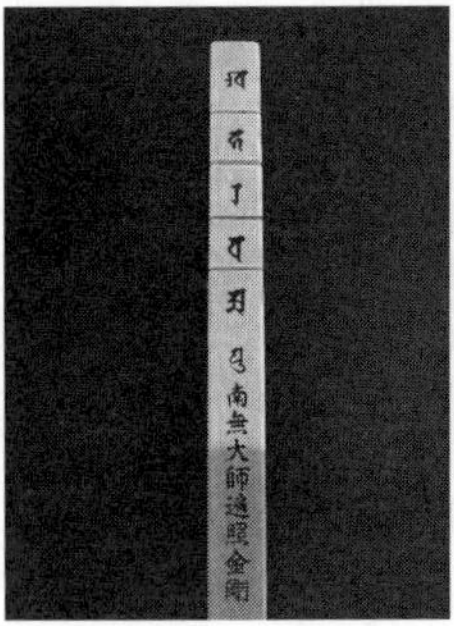

金剛杖（上端部分）

菅笠

の文字を墨書《ぼくしょ》する習いがある。現在では、袖のある白衣《びゃくえ》が好んで着用される。

遍路の必携品としては菅笠《すげがさ》と金剛杖《こんごうづえ》、そして納札《おさめふだ》がある。頭に被る菅笠には、大師あるいは弥勒菩薩《みろくぼさつ》を表す(yu)の梵字とともに、「迷故三界城　悟故十方空　本来無東西　何処有南北」（迷うが故に三界《さんがい》の城あり、悟るが故に十方《じっぽう》は空《くう》なり、本来東西無く、いずくにか南北有らん」の偈頌《げじゅ》（韻文の詩）を書きつける。この四句は本来、棺桶の上に掲げる天蓋《てんがい》に書き記す文句であり、もし巡礼の途中で行き倒れて命を落としてしまった場合、菅笠がそれの代わりを果たしたといわれる。同じく、金剛杖の上端は五輪塔《ごりんとう》の形をしており、これは墓標の代替となった。

遍路修行の一歩一歩の歩みの助けとなる金剛杖は、大師の分身であると考えられており、宿に到着したら、まずその先端の汚れを洗い、宿泊中は床の間などに安置して大切に扱う。

納札は、自身の住所や名前を記入して霊場寺院の本堂や大師堂に納める紙製の札《ふだ》で、巡礼の途中、名刺の代わりにも使用する。初心のお遍路さんは白い納札を用い、巡拝の経験を積むごとに、緑（五周以上）、赤（七周以上）、銀（二十五周以上）、金（五十周以上）とその色が変わり、百周以上巡った大先達《だいせんだつ》は、錦《にしき》の札の使用が許される。

昔は木製や金属製の札を堂宇の柱や長押《なげし》（柱と柱をつなぐ水平材）に打ちつけていたので、現在でも霊場に参拝することを「打つ」といい、霊場寺院のことを「札所《ふだしょ》」と呼ぶ。また、右回りで順に遍路道を巡ることを「順打ち」、逆に巡ることを「逆打ち」という。納札を打ちつけることは、衛門三郎が自身の存在を大師に知らしめるために始めたという伝承がある。

近年、四年に一度の閏年《うるうどし》には、逆打ちで四国霊場を巡拝する習慣があり、そうすれば道中で大師に出会うことができると信じられている。

コラム2　日日影向文

高野山の西の入り口に、高さ二一メートルを誇る朱塗りの大門《だいもん》が建っている。その中央の二本の柱に掲げられた聯《れん》（柱や壁に一対にして掛けられる書画で飾られた長い板）には、「日日影向文《にちにちようごうのもん》」と呼ばれる頌文《じゅもん》の後半の二句が、法性寺流《ほっしょうじりゅう》という独特の書体で記されている。この聯の文字は、大師に深く帰依した後宇多《ごうだ》法皇の親筆《しんぴつ》を写したものであるとされている。

卜居於高野樹下〔居《こ》を高野《こうや》の樹下《じゅげ》に卜《ぼく》し〕
遊神於兜率雲上〔神《たましい》を兜率《とそつ》の雲上《うんじょう》に遊《あそ》ばしめ〕
不闕日日之影向〔日々《にちにち》の影向《ようごう》を闕《か》かず〕
検知処処之遺跡〔処処《しょしょ》の遺跡《ゆいせき》を検知《けんち》す〕

頌文の作者は不明であるが、大師の高弟の一人である真然《しんぜん》が著したといわれる『阿波国大瀧寺《あわのくにおおたきじ》縁起《えんぎ》』に出ており、一説には、寛治年間（一〇八七～一〇九四）に東寺の勝実《しょうじつ》が、讃岐の善通寺で大師直筆のこの頌文を発見したとも伝えられている。

全体を解釈すれば、「大師は高野山の樹下に身を留めながら、心は弥勒菩薩の浄土である兜率天に遊ばせて、日々欠かすことなく縁のある各地に姿を現して、人々のことを見守っている」というほどの意味になろうか。前半の二句には、大師の入定留身《にゅうじょうるしん》が詠われており、後半の二句の内容は、同行二人の信仰の典拠となっている。

また、高野山奥之院の燈籠堂《とうろうどう》の入り口に掛かる聯には、『扶桑略記《ふそうりゃっき》』や『平家物語』にも紹介される、次の頌文の後半の四句が記されている。この頌文は、平安後期に活躍した天台宗の僧、瞻西《せいさい》が所持していた大師直筆の『金剛般若経《こんごうはんにゃきょう》』の奥付に書き込まれていたともいわれ、観賢僧正《かんげんそうじょう》が奥之院の岩屋を開いた砌《みぎり》に、大師が発した言葉であるともいわれている。

我昔遇薩埵　親悉伝印明　〔我昔《われむかし》薩埵《さった》に遇《あ》い、親しく悉《ことごと》く印明《いんみょう》を伝う〕
発無比誓願　陪辺地異域　〔無比の誓願《せいがん》を発《お》こして、辺地の異域に陪《ばい》す〕
昼夜愍万民　住普賢悲願　〔昼夜に万民を愍《あわ》れみ、普賢《ふげん》の悲願に住す〕
肉身証三昧　待慈氏下生　〔肉身に三昧《さんまい》を証《しょう》して、慈氏《じし》の下生《げしょう》を待つ〕

高野山の大門

後半の四句には、普賢菩薩と同じように衆生《しゅじょう》の救済を常に心に思いながら、深い禅定《ぜんじょう》に入って肉体をこの世に留めたまま、未来に降臨する弥勒菩薩(慈氏)を待ち続けよう、という大師の誓願が詠われている。

第三章　姿をイメージする

善通寺様式の弘法大師像
（香川県立ミュージアム）

1　真如が描いた大師の姿

高野山の壇場伽藍《だんじょうがらん》に、御影堂《みえどう》という、宝形造《ほうぎょうづくり》で檜皮葺《ひわだぶ》きのひときわ優美な姿の仏殿が建っている。ここにはかつて、大師の持仏堂があったと伝えられる。

大師像の基本型

御影堂の内陣《ないじん》のさらに奥の内々陣《ないないじん》には、大師の十大弟子の一人である真如親王《しんにょしんのう》（七九九〜八六五？）が描き、大師みずからが開眼《かいげん》の筆を入れたという大師の御影《みえ》（肖像画）が奉安されている。この御影は、真如様式と呼ばれ、現在目にする一般的な大師像のプロトタイプとなった画像である。その寸法は、表装を除いて、縦五尺《しゃく》一寸《すん》五分《ぶ》（約一五六センチメートル）、横四尺七寸五分（約一四四センチメートル）であるという。

鎌倉時代に記された『三僧記類聚《さんそうきるいじゅう》』などの史料によれば、この御影は当初、講堂《こうどう》（現在の金《こん》堂《どう》）に掲げられていたが、その後、御影堂に移され、厳重に保管されるようになったという。

御影堂は、大永元（一五二一）年、寛永七（一六三〇）年、天保十四（一八四三）年の、三度の祝融《しゅくゆう》（火災）に見舞われたが、大師の御影はそのたびに運び出され、焼失の難を逃れた。

高野山では十数年に一度、学修灌頂《がくしゅかんじょう》と呼ばれる特別な灌頂が開かれる。この灌頂には、高野山で長年にわたって修行と学問を重ねた高僧のみが受者《じゅしゃ》として参加するが、その際に限って、受者は御影堂の内々陣に入ることが許され、この御影と対面する。

高野山の御影堂

なお、大阪の天野《あまの》山金剛寺《さんこんごうじ》に伝わる真如様式の御影は、承安年間(一一七一〜一一七五)に描かれた古い作品で、オリジナルの第三転写本として知られている。

真如親王　御影を描いたとされる真如は、平城《へいぜい》天皇の第三皇子で、出家以前は高岳《たかおか》親王と号された。平城天皇の弟の嵯峨天皇が即位すると、高岳親王は皇太子とされたが、「薬子《くすこ》の変《へん》」によって廃位となり、東大寺で出家し、のちに大師の弟子となった。高野山の親王院《しんのういん》や、近世に廃絶した奈良の超昇寺《ちょうしょうじ》(超勝寺とも表記)などを開いたことでも知られている。

真如親王は六十歳を過ぎて入唐《にっとう》したが、折しも廃仏運動

真如親王像(『三国祖師影』)

(会昌《かいしょう》の破仏《はぶつ》)によって唐の密教は衰退しており、親王はさらにインドをめざして旅立ったが、途中、羅越国《らえつこく》(マレー半島南端のジョホール付近とされる)で客死した。一説に、虎の害に遭ったとも伝えられている。

四国八十八ヶ所の第三十五番霊場である清瀧寺《きよたきじ》には、真如親王が立ち寄ったという伝承があり、その逆修塔《ぎゃくしゅとう》(生前に建立する墓)が遺されている。当地の地名も、親王にちなんで「高岡《たかおか》」という。

真如様式の大師像は、右手に五鈷金剛杵《ごここんごうしょ》を握り、左手に念珠《ねんじゅ》を持ち、椅子《いし》に坐している。また、椅子の下には水瓶《すいびょう》と木靴の一種である木履《ぼくり》が描かれている(カラー口絵参照)。

金剛杵と念珠

左手に持つ念珠は、百八顆《か》の珠を連ねた本連《ほんれん》の念珠である。百八は、煩悩の数ともいわれるが、密教では曼荼羅《まんだら》の諸尊の数とも考えられている。念珠は、真言《しんごん》を繰り返し誦《とな》える際に、その回数を数えるための道具である。真言を一遍誦えるごとに一つの珠を動かして数を取ってゆく。それゆえ数珠《じゅず》とも呼ばれる。

高野山には、大師請来《しょうらい》と伝わる、ガラス玉と印子《いんす》(金細工)の、二種の念珠が伝存している。また京都の東寺《とうじ》には、恵果《けいか》和尚《かしょう》から伝法の印璽《いんじ》として授かったとされる水晶の念珠と、唐の順《じゅん》宗《そう》皇帝より下賜《かし》されたとされる菩提子《ぼだいし》の念珠が秘蔵されている(第四章の5参照、一六一ページ写真)。

大師が右手に持つ金剛杵は、バラモン教の武勇神であり、ヒンドゥー教や密教でも信仰されるインドラ神(帝釈天《たいしゃくてん》)が携える最高の武器で、両端が鋭く尖《とが》り、そこから雷電を発するともいわれる。サンスクリット語では、ヴァジュラ(vajra)という。

密教において金剛杵は、災難をもたらす魔物や人間の心の中の煩悩を打ち破るための法具となり、先端の突起の数によって独鈷杵《とっこしょ》、三鈷杵《さんこしょ》、五鈷杵《ごこしょ》などの違いが設けられた。大師が持つのは五鈷杵で、五つの突起は、曼荼羅の中央に坐す五仏(五如来)が具《そな》える「五智《ごち》」(第五章の3参照)を象徴する。

また、灌頂の儀式においては、密教の法統《ほうとう》が継承されたことの証《あかし》として、阿闍梨《あじゃり》から弟子へ、五鈷杵が授けられる。金剛杵は、伝法のために不可欠な法具でもある。

真言密教において『大日経《だいにちきょう》』とともに「両部《りょうぶ》の大経《だいきょう》」として重要視される『金剛頂経《こんごうちょうきょう》』には、修行者が自分の心を満月であるとイメージし、満月の中央に五鈷金剛杵を思い浮かべて、その先端から宇宙に満ちている大日如来《だいにちにょらい》を自身に招き入れて一体化する「五相成身観《ごそうじょうしんがん》」と呼ばれる瞑想法が説かれている。つまり大師は、金剛杵を保持することによって、いつでも望むときに大日如来と一体となって、仏として衆生《しゅじょう》を救済するのである。

椅子と木履

大師が坐る背凭《せもたれ》と肘掛《ひじかけ》の付いた椅子は、本来、天皇などの高貴な人物にのみ着座することが許される特別な調度である。かつて、宮中の清涼殿《せいりょうでん》には紫檀《したん》製、紫宸殿《ししんでん》には黒柿《くろがき》製のそれが置かれていたという。「いす」とは読まず、「いし」と読む。

先の『三僧記類聚』には、大師を崇敬《すうけい》した嵯峨天皇が、宮中の椅子を大師に下賜したという記述があり、大師の椅子は、香木の一種であるオウチすなわち栴檀《せんだん》で作られているという。

椅子の下に置かれる木靴は、木履《ぼくり》と呼ばれる。ちなみに、高野山御影堂の宝庫の什物《じゅうもつ》を記録した『霊宝目録《れいほうもくろく》』には、嵯峨天皇より贈られた「緞子手帕包《どんすしゅはくづつみ》」すなわち絹の布で包んだ木履が掲載されている。

大師が身に着ける衣装は、褊衫《へんざん》と呼ばれる法衣で、裙《くん》という腰衣《こしごろも》を巻き、上半身に上着を着用するセパレートタイプのものである。正式には、その上着のみを褊衫という。そして褊衫の上には、七条《しちじょう》の袈裟《けさ》を纏《まと》っている。いずれも「香色《こうじき》」、「木蘭色《もくらんじき》」などと称される黄色あるいは紫色のかかった褐色に染められており、紫色が濃い場合、「檜皮色《ひわだいろ》」とも表現される。

水瓶

椅子の下に木履とともに置かれる水瓶《すいびょう》は、密教における法の継承と関係がある。その水瓶は、灌《そそ》ぎ口が上部先端にあり、瓶の横に蓋《ふた》の付いた注水口を設けた「仙盞形《せんさんがた》」と呼ばれる形状のものである。

恵果和尚の在家《ざいけ》の弟子の一人である呉慇《ごいん》が著した『恵果阿闍梨行状《けいかあじゃりぎょうじょう》』には、次のような和尚の言葉が引用されている。

「今、日本の沙門《しゃもん》空海有《あ》り、来《きた》って聖教《しょうぎょう》を求むるに、両部の秘奥《ひおう》、壇儀《だんぎ》、印契《いんげい》を以《もっ》てす。漢梵差《かんぼんたが》うこと無く、悉《ことごと》く心に受くること、猶《なお》し瀉瓶《しゃびょう》の如し」

〈空海という日本国の沙門が来て密教の法を求めたので、胎蔵《たいぞう》と金剛界《こんごうかい》の両部の秘法のすべて、曼荼羅の儀礼、手に結ぶ印を伝授した。空海は漢語と梵語《ぼんご》を流暢に使いわけ、密教の奥義が私から空海に以心伝心に継承されたことは、まるで一つの瓶から他の瓶へ水をすっかり移し替えるようであった〉

この記述に基づいて、師から絶対的な信頼を得て、師が持てるすべての知識を余すところなく完全に継承した弟子を、「瀉瓶《しゃびょう》の弟子」という。

また、灌頂の儀礼においては、師である阿闍梨は実際に、仏の智慧が宿った水瓶の水を弟子の頭頂に灌《そそ》ぎ、それによって弟子を新たな阿闍梨として認可する（第一章の3参照）。大師の御影に限らず、インド、中国、日本の三国を経て、代々密教の法統を継いだ祖師《そし》たちの画像では、みなそれぞれ水瓶を携えており（第四章の2参照、一三六〜一三七ページ写真）、それは、灌頂を授けることのできる阿闍梨であることの目印である。そして、それらの水瓶に満たされた聖なる水を灌がれ、灌頂された者はみな、仏と等しい存在になれるのである。

2　旅姿の大師像

修行大師

真如《しんにょ》様式の御影とともに、よく目にするのは、修行大師《しゅぎょうだいし》と呼ばれる旅姿の大師像である。四国では、たいていの霊場寺院の境内に、この修行大師の大きなブロンズ像が安置されている（カラー口絵参照）。

修行大師の像は、その呼称のとおり行脚《あんぎゃ》修行中の大師の姿を表現したもので、右手には錫《しゃく》杖《じょう》を握り、左手には念珠と鉄鉢《てっぱつ》を持っている。手甲《てっこう》と脚絆《きゃはん》を着け、草鞋《わらじ》を履き、大きな網代笠《あじろがさ》を被った旅の装《よそお》いで、寝具として用いる茣蓙《ござ》を背負った像も見られる。

錫杖は、杖の先端にいくつかの金属の環《わ》を取り付けた法具で、振るとシャクシャクと澄んだ音を放つ。旅の僧侶が山野で猛獣や毒蛇を追い払うために用いた道具であり、よって、僧侶が各地を巡り歩くことを「巡錫《じゅんしゃく》」という。その音色は、心中の煩悩を払い除くとも考えられた。

修行大師像が所持する錫杖は「菩薩《ぼさつ》の錫杖」という形式で、六つの環が繋がれている。それらの環は、大乗仏教徒が実践すべき六波羅蜜《ろくはらみつ》の修行を象徴している。

金銅錫杖頭(善通寺)

六波羅蜜とは、自分の持てるものすべてを喜んで他に与える「布施《ふせ》」、ルールを遵守する「持戒《じかい》」、怒りを抑える「忍辱《にんにく》」、何事にも努力を惜しまない「精進《しょうじん》」、精神を集中する「禅定《ぜんじょう》」、真理を正しく見極める「智慧《ちえ》」の、六つの実践項目をいう。

善通寺《ぜんつうじ》には、大師が唐より請来したとされる金銅錫杖頭《こんどうしゃくじょうとう》(前ページ写真)が伝えられており、国宝に指定されている。

鉄鉢は、僧侶が托鉢《たくはつ》に用いる器である。戒律によって財産の保有が認められない出家修行者(比丘《びく》)は、この器を携えて家々をまわり、食料を調達した。若き日の大師も、托鉢をしながら各地で修行に励んだものと思われる。

鯖大師

修行大師像の変わり種に、徳島県海部郡《かいふ》にある八坂寺《やさかでら》に祀《まつ》られている、鯖大師《さばだいし》の像がある。この大師像は、右手に魚の鯖をぶらさげて持つので、そのように呼ばれる。

修行中、当地で塩鯖を運ぶ馬子《まご》に出会った大師が鯖一尾を所望したが、慳貪《けんどん》の馬子はそれを無視して通り過ぎようとした。すると馬が腹痛を起こし、馬子は立ち往生してしまった。困った馬子が過ちを悔いて大師に塩鯖を捧げたところ、馬の病はたちまちに治り、また、大師が馬子から得た塩鯖を海に放つと、鯖は生き返って泳ぎ出したという。このときの姿を表したのが、鯖大師の像である。

八坂寺で授与される御影札《みえふだ》には、鯖大師の像とともに、「大坂や八坂さか中鯖ひとつ大師にくれで馬のはら病《やむ》」という和歌が刷られており、この歌の中の「大師にくれで」を「大師にくれて」に入れ替えると、最後の句の意味が「馬のはら病」から「馬のはら止《やむ》」に変化する。平仮名一文字違いの二つの和歌によって鯖伝説の顛末《てんまつ》を表現した、巧みな言葉遊びである。

なお、真念《しんねん》の『四国辺路道指南《しこくへんろみちしるべ》』（一六八七年刊）の記述では、鯖伝説の主役が大師ではなく行《ぎょう》基《き》菩薩《ぼさつ》とされており、そこに紹介されるこの和歌も、「大師にくれで」の部分が「行基にくれで」になっている。八坂寺は、もと「行基庵」と呼ばれ、行基ゆかりの霊場であったが、四国遍路の普及とともに大師の霊場へと変化し、今では有名な番外霊場（第二章の5参照）として信仰を集めている。

鯖大師の御影札

行基と大師

常に在野にあって民衆のために行動し、そのカリスマ性からついには東大寺の大仏造立の責任者となった行基（六六八～七四九）に、大師の姿が重ね合わせられることは、不自然なことではない。奥付に寛平七（八九五）年三月十日の日付があり、真言宗内で書かれた最初の大師の伝記であるとされる『贈大僧正空海和上伝記《ぞうだいそうじょうくうかいわじょうでんき》』には、次のような伝説が含まれている。

大師が播磨国《はりまのくに》で、ある草庵に宿泊したところ、老婆が鉄鉢に盛った米飯でもてなしてくれた。老婆が告げるには、老婆は行基菩薩のある一人の弟子の、出家する以前の妻であり、その夫が、将来この家に聖人が訪れるであろうから、鉄鉢を捧げて供養《くよう》せよと予言していたという。

大師が行基について直接言及することはないが、この伝説には、大師が行基の民衆救済の遺志を継いだ聖者であることを示そうとする意図が隠されている。僧侶の世界では、「衣鉢《いはつ》を継ぐ」という言葉があるように、師の志《こころざし》の象徴として、袈裟と鉄鉢が、最も信頼の置ける親しい弟子へ譲渡される。この伝説についても、鉄鉢が登場することが大きな意味をもつ。

なお、行基が四国を訪れたという事実は確かめられないが、四国八十八ヶ所の霊場のうち、行基の開基といわれる寺院は三十ヶ寺にのぼり、大師はそれらの寺を整備して霊場に定めたといわれている。このような伝承もまた、大師が行基の後継者として広く認識されていたことの一つの証左といえよう。

寝姿の大師

愛媛県を走る松山自動車道の大洲《おおず》インターチェンジを下りてすぐの場所に、有名な大師の霊跡「十夜ヶ橋《とよがはし》」がある。現在、橋は国道五六号線の一部となっているが、橋架下の川岸には、旅装束を着けて横に臥《ふ》した姿の大師の石像が何体も安置されている。そして、それらの大師像には、参拝者が奉納した何枚もの布団《ふとん》が被せられている。

十夜ヶ橋の大師像

大師が当地を巡錫《じゅんしゃく》していた折、宿泊する場所が見つからず、やむを得ずこの橋の下で一夜を過ごすことになった。しかし大師は一睡《いっすい》もできず、一夜が十夜の長さに感じられたとして、「ゆきなやむ浮世《うきよ》の人を渡さずば一夜《ひとよ》も十夜《とよ》の橋と思ほゆ」という歌を詠んだという。以来、この橋は十夜ヶ橋と呼ばれるようになり、「大師野宿の霊跡」として人々の信仰を集めるようになった。

この和歌を解釈すれば、「俗世の迷いの世界に苦しむ衆生《しゅじょう》を、安楽な悟りの世界へ余さず渡す方法を考えていたら、一夜が十夜のように感じられたことよ」という意味になり、大師が眠れなかったのは、空腹や寒さのためだけではなかったということが理解される。

なお、遍路修行の道中、橋の上では杖を突かないという決まりがある。大師が橋の下で休んでいるかもしれず、それを邪魔してはならないから、という理由による。そして、十夜ヶ橋での伝説が、その理由の典拠となっている。

3 多様な大師の姿

談義本尊　京都の東寺には、「談義本尊《だんぎほんぞん》」と称される大師の肖像画が伝わっており、国の重要文化財に指定されている。東寺の学僧たちが真言密教の教理について論議問答する際に本尊として掲げられたので、そのように呼ばれるようになった。

東寺の歴史を記した『東宝記《とうぼうき》』の西院《さいいん》の条には、この画像について、正和二(一三一三)年に後宇多《ごうだ》法皇が寄進したもので、大師像の上下に書き込まれている文章が法皇の親筆《しんぴつ》であることが記録されている。それは、『御遺告《ごゆいごう》』の第一条と第十七条から、東寺に関する部分を抜き出したものである。

真如様式の御影との大きな違いは、大師が椅子《いし》ではなく四脚の牀台《しょうだい》(牀几座《しょうぎざ》)に坐すことであり、このような大師像を東寺様式と呼ぶこともある。その他、大師が左手に持つ念珠の形や、法衣の襞《ひだ》の表現などが真如様式の図像と少し異なる。

灌頂院の壁画

東寺の境内にある灌頂院《かんじょういん》は、その名のごとく灌頂の儀礼をおこなうための堂舎《どうしゃ》である。その創建年ははっきりしないが、承和十(八四三)年には、大師から東寺の運営を委嘱された弟子の実恵《じちえ》が、この場所で灌頂を開壇《かいだん》している。その後、灌頂院の建物は、地震や大風、あるいは火災に遭って数度にわたり建て替えられたが、明治十六(一八八三)年からは、真言宗最高の厳儀《ごんぎ》である後《ご》七日御《しちにちみ》修《し》法《ほ》の道場として使用されている。

談義本尊(東寺)

灌頂院の壁画にはかつて、胎蔵《たいぞう》と金剛界《こんごうかい》の大日如来《だいにちにょらい》を表す二つの梵字(種子《しゅじ》)、金剛薩埵《こんごうさった》と真《しん》言八祖《ごんはっそ》の姿(第四章の2参照)、さらに、実恵僧都《そうず》、真雅《しんが》僧正《そうじょう》、宗叡《しゅえい》僧正の三師の肖像が描かれていたといわれる。そして、そこに含まれる大師の御影は、脇侍《きょうじ》として真如親王《しんにょしんのう》と実恵僧都を伴っていたという。

真言宗の寺院では、大師が入定《にゅうじょう》した三月二十一日にちなみ、毎月二十一日に大師の御影を掲げて御影供《みえく》の法要が営まれ、報恩謝徳《ほうおんしゃとく》の祈りが捧げられる。この毎月の御影供を「月並《つきなみ》御影供」と呼び、祥月《しょうつき》にあたる三月二十一日のそれを「正《しょう》御影供」と呼ぶ。

御影供の歴史を遡《さかのぼ》れば、大師が入定して七十五年を経た延喜十(九一〇)年の三月二十一日に、観賢《かんげん》僧正によって、この灌頂院において始められたといわれている。一説に、そのときの本尊は、灌頂院の壁に描かれた大師像であったといわれるが、『東宝記』には、祖師たちの壁画が描かれたのは天慶六(九四三)年のことであると記されている。灌頂院の壁に描かれていたオリジナルの大師像はどのような姿であったのか、現在、それを知る材料は与えられていない。

ちなみに、年代のわかる最古の大師の肖像画は、京都醍醐寺《だいごじ》にある五重塔初層(一階)の、腰《こし》羽目板《はめいた》に描かれた真言八祖中の像である。天暦五(九五一)年に制作された。

瞬目大師

他方、善通寺には、「瞬目大師《めひきだいし》」といわれる大師の画像が秘蔵されている。真如様式の大師の御影と大きな違いはないが、画面の向かって右上に山岳の風景を配し、その山間《やまあい》から、釈迦《しゃか》如来《にょらい》が眉間の白毫《びゃくごう》から光を放ちながら影向《ようごう》(姿を現すこと)する様子が描かれているのが特徴である。その転写本も多く制作され、善通寺様式の大師像と呼び習わされている(本章扉写真)。

これは、大師が讃岐《さぬき》の我拝師山《がはいしさん》で修行中、紫雲の中から釈迦如来が出現し、大師がその姿を描きとどめたという伝説に基づく構図であろう。また、幼少の大師が我拝師山で捨身誓願《しゃしんせいがん》した際に釈迦如来が現れたという故事(第二章の2参照)とも無関係ではないかもしれない。

善通寺の寺伝によれば、この御影は承元三(一二〇九)年八月に宮中へ運ばれ、土御門《つちみかど》天皇が百官とともに叡覧《えいらん》したが、その際、絵の中の大師が瞬《まばた》きをしたため、天皇より「瞬目大師」の称号が下賜《かし》されたといわれる。

また、瞬目大師の画像は、大師が入唐《にっとう》の直前に、池の水面に映ったみずからの姿を描き、別れを悲しむ母に贈ったものであるという伝承もある。善通寺御影堂《みえどう》の奥殿に祀られていて、大師が入定してから五十年ごとに営まれる御遠忌《ごおんき》の法要の年にのみ開帳《かいちょう》される。

秘鍵大師像(大覚寺)

秘鍵大師

「秘鍵大師《ひけんだいし》」と呼ばれる剣を手にした大師像は、大師が嵯峨天皇の御前で『般若《はんにゃ》心経《しんぎょう》』を講讃《こうさん》した際に示した、文殊菩薩《もんじゅぼさつ》と一体となった姿とされる。文殊菩薩が持つ利剣《りけん》は、人間の心の中の煩悩や執着《しゅうじゃく》を切り払うための武器であり、大師が『般若心経』を密教の立場で解釈した書物『般《はん》若心経秘鍵《にゃしんぎょうひけん》』の冒頭には、「文殊の利剣は諸戯《しょけ》を断つ」と述べられている。諸戯とは、悟りの妨げとなる自分勝手な偏った思考をいう。

大師の勧めによって嵯峨天皇がみずから書写した『般若心経』(勅封心経《ちょくふうしんぎょう》)を奉安《ほうあん》する京都の大覚寺《だいかくじ》には、この秘鍵大師の影像が祀られている。

『般若心経秘鍵』の末尾には、大師の撰述《せんじゅつ》とされる上表文《じょうひょうぶん》が付されており、そこには、弘仁九(八一八)年に疫病が蔓延したため、嵯峨天皇が紺紙《こんし》に金泥《きんでい》を用いて『般若心経』一巻を写経し、また大師が『般若心経秘鍵』を著して天皇に講義したところ、その功徳《くどく》によって疫病は終息したと綴られている。なお、学術的には、この上表文は十世紀から十一世紀ころまでに何者かによって付加されたものであると考えられている。

秘鍵大師の画像には、二つの系統がある。高野山の親王院《しんのういん》に遺る作例では、月輪《がちりん》（満月）の中に右手に剣、左手に念珠を持った大師が坐し、月輪の下に木履《ぼくり》と水瓶《すいびょう》が置かれる。また、画面の向かって左下に衣冠束帯《いかんそくたい》の出で立ちで合掌した人物が描かれるが、この人物は嵯峨天皇であるという説がある。近年、和菓子の老舗である虎屋《とらや》の所蔵品の中から、この形式の秘鍵大師の画像（十四世紀初期の古作）が発見され、注目を集めた。

もう一方の系統の図像では、剣と念珠を持った大師が四脚の牀台に坐し、日輪《にちりん》（太陽）の中に描かれている。広く流布している図様であるが、新しい作例が多く、その典拠や始まりは明らかになっていない。

日輪大師　高野山の奥之院、大師の御廟《ごびょう》の前に建つ燈籠堂《とうろうどう》は、真然大徳《しんぜんだいとく》によって創建されたともいわれる堂舎で、治安三（一〇二三）年に藤原道長《ふじわらのみちなが》によって整備された。現在の建物は、昭和三十九（一九六四）年に再建されたもので、内部には、千年にわたって絶えず奉納されてきた無数の燈籠の灯が輝く。

日輪大師像(三宝院)

その燈籠堂に祀られるのが、真っ赤な日輪《にちりん》を光背《こうはい》とする「日輪大師」というスタイルの大師像である。燈籠堂安置の像は彫像であるが、画像も多く制作された。掲載した図像は、高野山三宝院《さんぼういん》に伝わる作品である。

大師と弥勒菩薩《みろくぼさつ》の同体説についてはすでに紹介したが(第一章の5参照)、この大師像はそれを反映したもので、漂う雲の中に水平に置かれた法輪《ほうりん》の上の蓮華座《れんげざ》に大師が坐し、右手に五鈷杵《ごこしょ》、左手に五輪塔《ごりんとう》を持つ。五輪塔は弥勒菩薩の持ち物であるが、日輪大師像の左手のそれを胎蔵曼荼羅《たいぞうまんだら》が表す現象の世界(理《り》の世界)、右手の五鈷杵を金剛界曼荼羅《こんごうかい》が表す精神の世界(智《ち》の世界)の象徴と見て、二つの世界が表裏一体であると考える思想を反映させた姿であるともいわれる。

大師の密教の師である恵果和尚《けいかかしょう》は、インドにおいて別々に成立したこれら二つの曼荼羅を一組として大師に授け、大師はそれらを日本に請来した（第四章の1参照）。日本の密教では、二つの曼荼羅を「両部曼荼羅」と呼び、それぞれを理と智に配して、それらが対立を超えて一つに融合した状態こそが、修行者が体験すべき悟りの境地であると考えられるようになった。

日輪大師像はまた、大師が日本古来の太陽神である天照大神《あまてらすおおみかみ》と合一した姿であるとも伝えられる。神仏習合の考えにおいて、天照大神は大日如来の権化《ごんげ》と見なされる。

稚児大師

『御遺告』に示される大師の伝記には、五、六歳になった大師が、夢の中で八葉蓮華《はちようれんげ》の上に坐り、諸仏と語らう夢を見たと記されている。また後世の伝記類には、大師が母の胎内で十二ヶ月を過ごし、合掌した姿勢で生まれてきたという記述が見られる。「稚児大師《ちごだいし》」は、これらの伝承に基づいて考案された図像である。上衣《うわぎぬ》と袴《はかま》を着け、月輪の中の蓮華座の上に坐って合掌する、童子姿の大師を表現する。

稚児大師像（善通寺）

万日大師像(金剛峯寺)

なお大師の誕生所として信仰を集める善通寺には、童子姿の立像で、両手で腹の前に五輪塔を捧げ持つ、珍しい稚児大師の木彫像が伝わっている。日輪大師の項で見たように、五輪塔は弥勒菩薩の持ち物である。大師と弥勒菩薩の同体説の影響を受けて制作された像であろう。

万日大師と廿日大師

影像として刻まれた大師像の最古例は、大師の四百回御遠忌《ごおんき》を控えた天福元(一二三三)年に仏師康勝《こうしょう》(運慶《うんけい》の第四子)によって制作された、東寺の御影堂安置の坐像であり、国宝に指定されている。また、奈良の元興寺《がんごうじ》や、京都の六波羅蜜寺《ろくはらみつじ》にも鎌倉時代の作例が遺されている。

なお高野山には、「万日大師《まんにちだいし》」と呼ばれる有名な像がある。ある修行者が、三十数年にわたってこの大師像を礼拝し続けていたところ、一万日目の夜、大師が夢に現れて修行者のほうを向いて「万日の功、真実なり」と語った。目覚めてみると、大師像の首が少し左を向いていたという。室町から桃山時代にかけて制作されたとされる木彫彩色像で、高野山内の文化財を一堂に集める霊宝館《れいほうかん》に収蔵されている。

また、高野山の清浄心院《しょうじょうしんいん》に本尊として祀られる大師像は、入定する前日の大師の姿を写して彫ったものとされ、「廿日大師《はつかだいし》」の尊称で信仰を集めている。その背後には、「微雲管《みうんかん》」(第一章の5参照)の文字が記されているという。

4　絵伝の世界

五系統の絵伝

単独で大師の姿を表現した、いわゆるイコンとしての大師像(御影《みえ》)のほかに、大師一代の伝記におけるさまざまな場面を描いた絵伝《えでん》もまた、古今、多く描かれてきた。

そのような「弘法大師絵伝」は、平安末期から鎌倉時代にかけて流行した「絵巻《えまき》物《もの》」の一種としてその制作が始まり、絵画と、それを解説した詞書《ことばがき》によって構成されるのが一般的である。

鎌倉時代後期に成立した史書『吾妻鏡《あずまかがみ》』の建暦二(一二一二)年十一月八日の条には、「吾朝四大師伝」なる作品に関する言及がある。これは、それまでに大師号を授与されていた伝教大師《でんぎょうだいし》最澄《さいちょう》、慈覚大師《じかくだいし》円仁《えんにん》、智証大師《ちしょうだいし》円珍《えんちん》、弘法大師空海の四人の高僧の事績をテーマとした絵伝であると考えられており、「弘法大師絵伝」の最初期の例であるとされている。ちなみに、この絵伝はある高貴な人物に贈られて愛蔵されたとされるが、その後の行方は不明である。

大師の生涯を描いた絵伝は作例が多く、内容もバラエティーに富むが、以下の五つの系統に分類できる。

一 『高祖《こうそ》大師《だいし》秘密縁起《ひみつえんぎ》』
二 『高野《こうや》大師行状図画《だいしぎょうじょうずえ》』六巻本
三 『高野大師行状図画』十巻本
四 『弘法大師行状絵詞《こうぼうだいしぎょうじょうえことば》』
五 版本『弘法大師行状図画』

以下、それぞれの系統に属する絵伝の特徴を、簡略に紹介しておこう。

『高祖大師秘密縁起』

『高祖大師秘密縁起』の完本は、京都にある真言宗智山派《ちさんぱ》の名刹《めいさつ》、安楽寿院《あんらくじゅいん》に現存する。この写本は、河内国《かわちのくに》の神尾寺《かんのおじ》において応仁二(一四六八)年十一月に完成した。絵は京都絵所《えどころ》の往忠《おうちゅう》が描き、詞書は同寺極楽房《ごくらくぼう》の永慶《えいけい》が記したことがわかっている。また、写本の由緒を綴った奥書《おくがき》には、原本の存在について言及されているが、その所在や成立年代については不明である。ただし第一巻の序文に「四百余《よ》歳を経たり」という記述があるので、原本は、大師が入定した承和二（八三五）年より数えて四百年後の嘉禎元（一二三五）年以降、五十年の間に描かれたのではないかと推測されている。

安楽寿院所蔵の写本は十巻よりなり、全部で六十六段の場面が描かれている。

『行状図画』六巻本

『高野大師行状図画』の六巻本は、高野山の地蔵院《じぞういん》に唯一の完本が伝わっている（次ページ写真はその一部）。鎌倉末期あるいは南北朝時代の写本である。ただ第一巻のみは、焼失してしまったため、天保十一（一八四〇）年に狩野養信《かのうおさのぶ》が所持していたその模写本を手本に、養信の弟子が復元したことが知られている。ちなみに、天保五（一八三四）年に写された養信所持の模写本は、東京国立博物館に収蔵されている。

地蔵院所蔵本のもととなった原本の成立時期については、第五巻の神泉苑《しんせんえん》での雨乞いの場面の詞書に出る「故武州禅門」なる人物を北条泰時《ほうじょうやすとき》と見なし、文永九（一二七二）年には成立していたとする説と、その成立に、高野山正智院《しょうちいん》の学僧、道範《どうはん》（一一七八〜一二五二）がかかわったという説がある。

地蔵院所蔵の『高野大師行状図画』は、美術的にも秀逸な作品であり、国の重要文化財に指定されている。全六巻の中に、五十段の場面が含まれる。

『行状図画』十巻本

最も多くの写本が残るのが、十巻本の『高野大師行状図画』である。完本だけでも、八本の存在が確認されている。その内容は、六巻本を増補したもので、五つの系統の絵伝のうち最も広汎《こうはん》な九十二段の場面を収録する。

白鳥美術館所蔵本や高野山の親王院《しんのういん》所蔵本にある奥書によれば、その原本は高野山の惣持院《そうじいん》にあり、絵師は金岡《かなおか》流に属する巨勢有康《こせのともやす》が務め、詞書の執筆や書写は、高位の貴族出身のやんごとなき高僧たちが担当している。原本は元応元(一三一九)年八月に完成したとされるが、残念ながら、その所在は不明である。

完本である延暦寺《えんりゃくじ》所蔵本は応永十四(一四〇七)年、四国八十八ヶ所の第三十八番霊場金剛福寺《こんごうふくじ》所蔵本と個人蔵の久保家所蔵本はいずれも一部が欠けた闕本《けっぽん》ながら、応

(地蔵院)

高野大師行状図画

永二十二（一四一五）年に制作されている。

『弘法大師行状絵詞』

『高祖大師秘密縁起』と、『高野大師行状図画』の六巻本と十巻本、さらに先行する大師の伝記類を参照して、決定版として制作されたのが『弘法大師行状絵詞』である。十二巻よりなり、五十九段の場面を含む。

その原本は京都の東寺に現存し、国の重要文化財に指定されている。東寺百合文書《とうじひゃくごうもんじょ》に含まれる「絵《え》用途注文《ようとちゅうもん》（大師御絵日記）」などの史料によれば、この絵伝は大師生誕から六百年目にあたる応安七（一三七四）年にその制作が始まり、康応元（一三八九）年に完成したとされている。絵画の部分は、祐高法眼《ゆうこうほうげん》や巨《こ》勢久行《せのひさゆき》などの四名の絵師によって描かれ、詞書は、大覚寺《だいかくじ》の深守法親王《じんじゅほっしんのう》や青蓮《しょうれん》院《いん》の道円《どうえん》法親王などの僧侶や公卿たち、総勢十名（ある

『弘法大師行状絵詞』五十九段の標題

第一巻	誕生霊瑞	童稚奇異	四王侍衛	俗典鑽仰
	出家学法			
第二巻	登壇受戒	聞持修行	室戸伏龍	金剛定額
	老嫗授鉢	虚空書写	釈迦湧現	久米感経
第三巻	渡海入唐	大使替書	長安奏聞	在問勅使
	青龍受法			
第四巻	珍賀懺謝	修円護法	図像写経	恵果附属
	石碑建立	多生誓約	宮中壁字	流水点字
	梵僧授経			
第五巻	三鈷投所	帰朝奏表	灑水生樹	久米講経
	大内書額	清涼宗論		
第六巻	東大寺蜂	高雄練行	伝教灌頂	円堂鎮壇
	濁水手水			
第七巻	南山表請	明神衛護	高野結界	堂塔草創
	心経講讃			
第八巻	東寺勅給	八幡鎮座	稲荷来影	神泉祈雨
第九巻	講堂起立	舎利灌浴	室生修練	
第十巻	正月修法	門人遺誡	真影図画	南山入定
第十一巻	東寺灌頂	官位追贈	大師諡号	博陸参詣
第十二巻	仙院臨幸			

いは十一名)によって綴られたことが知られている。

東寺所蔵の『弘法大師行状絵詞』では、それぞれの場面に、東寺観智院《かんちいん》の賢賀僧正《けんがそうじょう》によって標題が付されている。

いくつかの場面を紹介してみよう。

第二巻の「虚空書写《こくうしょしゃ》」は、『贈《ぞう》大僧正空海和上伝記《だいそうじょうくうかいわじょうでんき》』にも紹介される古くからの伝説で、大師が伊豆国《いずのくに》の桂谷山寺《けいこくさんじ》(現在の修禅寺《しゅぜんじ》)で修行中、虚空に『大般若経《だいはんにゃきょう》』の「魔事品《まじほん》」を書くと、空中に文字が現れ、魔物が退散したという話。

第四巻の「珍賀《ちんが》讖謝《さんしゃ》」と「修円《しゅえん》護法《ごほう》」はいずれも、大師のライバルに関するエピソードである。それらについては本章のコラム3で述べたい。

第五巻の「灑水生樹《しゃすいしょうじゅ》」は、帰朝後の大師が豊前国《ぶぜんのくに》の賀春明神《かわらみょうじん》に参詣したところ、周囲が岩山ばかりであったので、加持《かじ》した香水《こうずい》を灑《そそ》ぐと、たちまち樹木が生い茂ったという話である。

第六巻の「東大寺《とうだいじ》蜂《ほう》」は、東大寺の南大門のあたりに巨大な蜂が群れて人々を襲ったが、大師が東大寺に居住すると、たちまちにして蜂がいなくなったという話。「濁水手水《じょくすいちょうず》」は、水の便が悪かった槙尾山寺《まきのおさんじ》で大師が地面に向かって祈りを込めると、清冽《せいれつ》な清水が湧き出たとされる伝説である。また、大師が檜《ひのき》の葉で手を清め、それを椿《つばき》の木に向かって投げると、椿の木の幹から檜の葉が生じたといい、人々はこの出来事を「柴手水《しばちょうず》」と呼んだ。

第八巻の「稲荷来影《いなりらいえい》」は、紀伊国《きいのくに》でかつて出会った老翁《ろうおう》の姿をした稲荷明神が、二人の女性と二人の子どもを伴って東寺に大師を訪ねて来たので、大師は丁重に歓待し、都の東南の杣山《そまやま》に稲荷社を建立して祀ったという伝説である。その稲荷社は、高名な伏見《ふしみ》稲荷大社に相当する。

第九巻の「室生《むろう》修練《しゅれん》」は、古くからの霊地であった奈良の室生山《むろうさん》に、大師が恵果《けいか》和尚《かしょう》相伝の秘仏を安置して密教の修法《しゅほう》に専心し、弟子の堅恵《けんね》を住まわせて伽藍《がらん》を整備させたという話。大師が宀一山《べんいちさん》とも称されるこの山に、如意《にょい》宝珠《ほうじゅ》を埋めたという伝説もある。

なお、第十一巻、第十二巻に収められる場面は、すべて大師入定後の出来事である。第十一巻の「博陸参詣《はくりくさんけい》」は、関白藤原道長の高野山参詣を記録したものであり、第十二巻の「仙院臨幸《せんいんりんこう》」は、寛治二(一〇八八)年の白河《しらかわ》上皇の高野山御幸《みゆき》を三つの場面にわけて描く。

版本『行状図画』

第五の系統は、十巻本の『高野大師行状図画』(元応本)を版本としたもので、近世になって制作されるようになった。ただし、はじめの巻にある序文には、先に紹介した『高祖大師秘密縁起』のそれが参照されている。

版本の『行状図画』は、一説に、文禄五(一五九六)年に木食応其《もくじきおうご》上人《しょうにん》によって開版されたともいわれるが、それを裏づける証拠はない。応其は、豊臣秀吉の高野山攻めを交渉によって回避し、その人徳によって秀吉を感化し、高野山の庇護者へと導いた人物であり、高野山では英雄として崇められている。

なお、天保四(一八三三)年には、東寺所蔵の『弘法大師行状絵詞』を図案とした版本も制作されている。これらの版本が作られることによって、大師の絵伝は広く一般に流布していった。

コラム3　大師のライバルたち

並み外れた才能と人格を具《そな》えた大師にあっても、幾人かのライバルが存在していたようだ。

まず、史実のうえでは、徳一《とくいつ》を挙げなければなるまい。徳一は、興福寺《こうふくじ》で法相宗《ほっそうしゅう》の教理を学び、東大寺にも住した学僧で、俗化した奈良の仏教界を厭《いと》い、東国に移った。その徳は高く、「会津《あいづ》の徳一」、「筑波《つくば》の徳一」として名を馳せ、大師も「徳一菩薩《ぼさつ》」と呼んで彼を賞賛している。

徳一は、大師が「勧縁疏《かんえんのしょ》」(第一章の4参照)とともに東国に送った密教の経典、論書を読破し、その内容に関する十一条の疑義《ぎぎ》を『真言宗未決文《しんごんしゅうみけつもん》』にまとめて大師に質問した。それに対する大師のまとまった回答は遺されていないが、一説に、第三条の「即身成仏《そくしんじょうぶつ》の疑問」に答えたのが『即身成仏義《そくしんじょうぶつぎ》』であり、第十一条の「南天鉄塔《なんでんてっとう》の疑問」に応じて書かれたのが『秘密曼荼羅教付《ひみつまんだらきょうふ》法伝《ほうでん》』(略称『広付法伝《こうふほうでん》』)であるともいわれている。

徳一と、天台宗の最澄との間に、熾烈《しれつ》な「三一権実論争《さんいちごんじつ》」が巻き起こったことは日本仏教史のうえで有名であるが、大師と徳一は、書簡に残る遣《や》り取りの言葉から見て、互いを認め、尊重し合っていたようである。

ただし、大師が三十六巻送ったとされる密教文献のうち、『大日経《だいにちきょう》』と『大日経疏《しょ》』、『菩提心論《ぼだいしんろん》』のみにしか触れられていないことなどから、『真言宗未決文』を徳一の著作とは認めない意見があることも一言しておこう。

一方、神話化された後世の大師伝の中には、大師の宿敵のライバルとして、守敏僧都《しゅびんそうず》が現れる。守敏は東寺と対をなす西寺《さいじ》の住持《じゅうじ》であったといわれ、天長元(八二四)年の旱魃《かんばつ》の際には、大師と祈雨《きう》(雨乞い)の験《げん》を競い、日本中の龍神を隠して大師を妨害した。しかし大師は、ヒマラヤ山中にあるといわれる無熱池《むねっち》より善女《ぜんにょ》という名の龍王を呼び寄せ、甘露《かんろ》の雨を降らせたといわれる。

このエピソードは「神泉苑《しんせんえん》の祈雨」として有名で(第二章の4参照)、いくつかのバージョンがあるが、平安時代の説話集である『今昔物語集』をはじめ、南北朝時代の争乱を描いた軍記物語の『太平記』にも紹介されている。

釈尊伝における提婆達多《だいばだった》のように、守敏は徹底した悪役として登場し、ついには大師に矢を射掛けてしまう。そのときに身を挺して大師を守ったといわれる「矢取地蔵《やとりじぞう》」を祀るお堂が、平安京の羅城門《らじょうもん》があった場所の近く(京都市南区唐橋羅城門町《からはしらじょうもんちょう》)に、今もひっそりと建っている。

また、興福寺《こうふくじ》の修円《しゅえん》僧都は、日ごろ大師の名声を妬んでいて、大師が唐の青龍寺《しょうりゅうじ》で恵果和尚から秘法を授かっていたとき、鬼神を使役してその内容を盗み聞きしようとしたが、大師が結界《けっかい》を張ってそれを防いだといわれる(「修円護法」の話)。

なお、大師の才能を妬む者は、唐の国にもいた。それは、恵果和尚の兄弟弟子にあたる順暁《じゅんぎょう》阿闍梨《あじゃり》の弟子で、和尚の門弟でもあった珍賀《ちんが》という人物である。恵果和尚が自身の後継者として大師に密教の奥義を授けようとしたとき、珍賀は嫉妬してそれに反対意見を唱えた。すると、珍賀の夢に大師を日ごろから守護していた四天王《してんのう》が現れて彼を責め立てたため、珍賀はみずからを恥じ、大師を礼拝したと伝えられている(「珍賀懺謝」の話)。

第四章　芸術に触れる

諸尊仏龕（金剛峯寺）

1　曼荼羅の宇宙

密教と芸術

大師が唐より持ち帰った請来品《しょうらいひん》のリストである『請来目録《しょうらいもくろく》』の中に、密教と、芸術作品の一つである図像、特に曼荼羅《まんだら》との、切っても切り離せない重要な関係が、次のように述べられている。

「密蔵深玄《みつぞうしんげん》にして翰墨《かんぼく》に載《の》せ難し。更に図画を仮《か》りて悟らざるに開示す。種種の威儀《いぎ》、種種の印契《いんげい》、大悲《だいひ》より出でて一覩《いっと》に成仏す。（中略）密蔵の要、実に茲《ここ》に繋《かか》れり。伝法受法、此《こ》れを棄《す》てて誰《たれ》ぞ」

〈密教の教理は深遠であって、文字で表現することは困難である。そこで図像を用いて悟っていない者にそれを示すのである。曼荼羅の諸尊のさまざまな姿や手のサインは、すべて仏の大悲から出現したもので、一目見るだけで成仏することができるのである。（中略）曼荼羅をはじめとする図像は、密教において肝心であり、伝法や受法も、それらがなくては成り立たない〉

密教では、一般の仏教において言葉や文字で表すことが不可能であるとされる真理の世界を、曼荼羅と呼ばれる諸尊の集合からなる図を用いて象徴的に表現し、可視化する。また、真理の世界の細部について洞察する場合には、曼荼羅から特定の如来《にょらい》や菩薩《ぼさつ》を取り出して単独の像として描き、観想《かんそう》の対象とする。

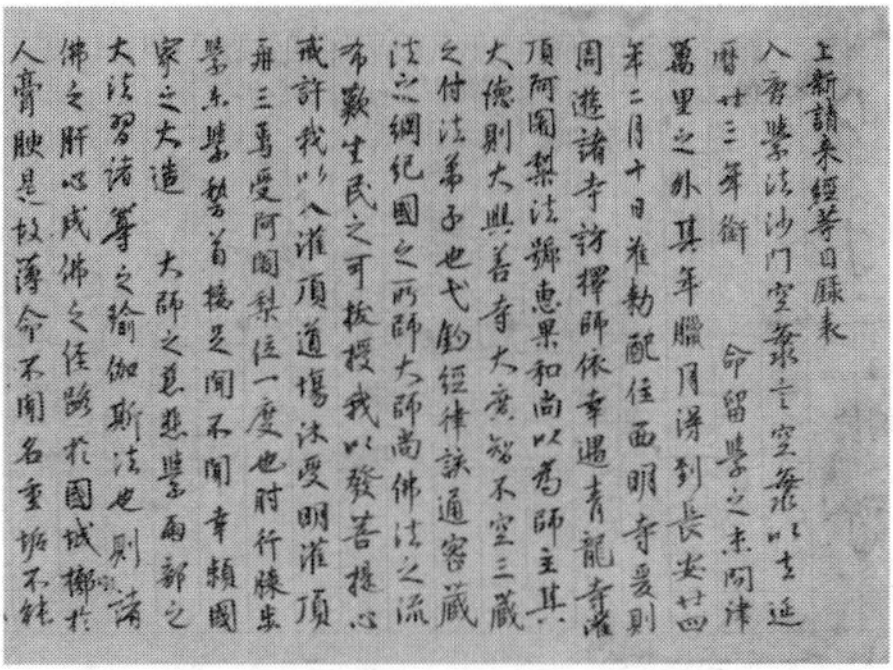
最澄筆写の請来目録（東寺）

密教の修行者は、曼荼羅や尊像の前で供養《くよう》や灌頂《かんじょう》などの儀礼をおこない、瑜伽《ゆが》の瞑想によってそれらの聖なる存在と同化しながら、五感を駆使して感覚的に真理をとらえようとする。その場合、曼荼羅や尊像はもとより、儀礼に用いる法具や荘厳具《しょうごんぐ》なども、真理を体感するための、必要不可欠な補助装置となる。また曼荼羅は、悟りに到達した師の心象としての真理の世界を、弟子に正確に伝達するための媒体ともなる。

『請来目録』の記述によれば、大師は、経典、儀軌《ぎき》、梵字テキスト、論書《ろんじょ》、注釈書など、二百十六部、四百六十一巻にのぼる文献に加え、五鋪《ほ》(五点)の曼荼羅、五鋪の祖師影《そしえい》(祖師の肖像画)、九種の密教法具、十三種の阿闍梨付嘱物《あじゃりふしょくぶつ》を日本にもたらしている。

その多くは恵果和尚《けいかかしょう》が、絵師の李真《りしん》や鋳物師の趙呉《ちょうご》などの、唐の宮廷にも仕えた優れた技術者たちに依頼して制作させた、第一級の芸術作品であった。

なお、「阿闍梨付嘱物」というのは、伝法の証《あかし》として、師から弟子へ代々受け継がれる衣鉢《いはつ》や宝物《ほうもつ》などである。

曼荼羅とは　まず、大師が請来した十鋪の絵画資料のうち、曼荼羅について俯瞰《ふかん》してみよう。

曼荼羅とは、サンスクリット語のマンダラ(mandala)を漢字音写した言葉である。それには「円」や「道場」の意味があり、漢訳経典では「輪円具足《りんねんぐそく》」と意訳されることもある。

曼荼羅は、如来、菩薩、明王《みょうおう》などの諸尊を一定の理論に基づいて幾何学的に配置することによって、悟りの世界を象徴的に表現した、聖なる図である。

インドでは本来、曼荼羅は土壇《どだん》の上に色粉を用いて描かれ、それを用いた儀礼の終了とともに取り壊されていたが、中国や日本ではもっぱら布や紙に描かれるようになった。チベットの砂《すな》曼荼羅は、土壇の曼荼羅の伝統を引くものである。

各々の密教経典には、常に複数の曼荼羅が説かれており、八世紀から十三世紀初頭までインドの密教を受容し続けたチベットでは、百種類以上に及ぶ曼荼羅が伝承されている。

大師請来の曼荼羅

『請来目録』には、次のように、五種の曼荼羅がリストアップされている。「三幅《ふく》」とか「七幅」という数字は、キャンバスの大きさを示しており、幅《はば》六〇センチメートルほどの絹布を三枚張り合わせたものが三幅、七枚張り合わせたものが七幅である。

大毘《だいび》盧《る》遮那《しゃな》大悲《だいひ》胎蔵《たいぞう》大曼荼羅《だいまんだら》　一鋪　七幅　一丈《じょう》六尺《しゃく》
大悲《だいひ》胎蔵《たいぞう》法曼荼羅《ほうまんだら》　一鋪　三幅
大悲《だいひ》胎蔵《たいぞう》三昧耶《さんまや》略《りゃく》曼荼羅《まんだら》　一鋪　三幅
金剛界《こんごうかい》九会《くえ》曼荼羅《まんだら》　一鋪　七幅　一丈六尺
金剛界《こんごうかい》八十一尊《はちじゅういっそん》大曼荼羅《だいまんだら》　一鋪　三幅

このうち、「大悲胎蔵」の語を名称に含む三種は『大日経《だいにちきょう》』系の曼荼羅、「金剛界」の語を冠する二種は『金剛頂経《こんごうちょうきょう》』系の曼荼羅である。

なかんずく注目すべきは、一丈六尺、すなわち一辺が四メートルを超える七幅の巨大なキャンバスに描かれた、大毘盧遮那大悲胎蔵大曼荼羅（以下、胎蔵大曼荼羅と略す）と金剛界九会曼荼羅の二種の曼荼羅である。この二つの曼荼羅は、日本の密教では「両部《りょうぶ》曼荼羅」と呼ばれ、寺院の本堂に祀《まつ》られる本尊の東と西（向かって右と左）に、一対《いっつい》で掲げられる。

『大日経』と『金剛頂経』は、インドにおいて異なる時期に異なる場所で成立した別々の経典であるが、恵果和尚は二人の師からそれら両方を学び、両者を表裏一体のものとして体系化した。そして和尚は、『大日経』に基づく胎蔵大曼荼羅と『金剛頂経』に基づく金剛界九会曼荼羅を一揃いで制作し、大師に授けたのである。

『大日経』と胎蔵曼荼羅

『大日経』は、『金剛頂経』より少し早く、七世紀の前半に西インドあるいは東インドで成立したとされる経典で、その正式な題名は、漢訳本では『大毘盧遮那《だいびるしゃな》成《じょう》仏神変加《ぶつじんぺんか》持経《じきょう》』という。「毘盧遮那」とは、サンスクリット語のヴァイローチャナ（Vairocana）の音写で、「光り輝く者」を意味し、大日如来を指す。

『大日経』には、如来や菩薩の姿をそのまま描いた、基本となる大曼荼羅（形《ぎょう》曼荼羅）、一尊一尊を種子《しゅじ》と呼ばれる梵字で表現した法曼荼羅（字《じ》曼荼羅）、諸尊を三昧《さんま》耶形《やぎょう》という各自のシンボルで描いた三昧耶曼荼羅（印《いん》曼荼羅）の三つの形式の曼荼羅が説かれており、『請来目録』の記述から、大師はこれら三種すべてを請来していたことがわかる。

最も重要なのは大曼荼羅で、単に胎蔵曼荼羅といえば、この曼荼羅を指す。「胎蔵」とは「大悲胎蔵生《だいひたいぞうしょう》」の略語で、万物を生み出し、育む、大日如来の大悲の力のことをいう。なお、金剛界曼荼羅に合わせて「胎蔵界」の呼称を用いることもあるが、それは正確ではない。

大師が請来した胎蔵大曼荼羅は、『大日経』の中に説明されている曼荼羅に比べて、仏や菩薩の数を増加させるなど、恵果和尚によって大幅な変更が加えられている。中台八葉院《ちゅうだいはちよういん》、遍知院《へんちいん》、持明院《じみょういん》、蓮華部院《れんげぶいん》(観音院《かんのんいん》)、金剛手院《こんごうしゅいん》(金剛部院《こんごうぶいん》)、釈迦院《しゃかいん》、文殊院《もんじゅいん》、虚空蔵院《こくうぞういん》、蘇悉地院《そしつじいん》、地蔵院《じぞういん》、除蓋障院《じょがいしょういん》、外金剛部院《げこんごうぶいん》の十二の区画(十二大院《じゅうにだいいん》)からなり(カラー口絵参照)、禅定印《ぜんじょういん》を結ぶ胎蔵大日如来を中心に、外周部に描かれる鬼神の類も含め、四百余尊によって構成される。

胎蔵曼荼羅は「理《り》の曼荼羅」と呼ばれ、そこには、一人ひとりの人間を含む森羅万象が、それぞれ何らかの価値を発揮しながら、大日如来という大きな存在に包まれて一つにつながっているという、仏の目から見た大宇宙のあり方が表現されている。

『金剛頂経』と九会曼荼羅

不空三蔵《ふくうさんぞう》が遺した『金剛頂経瑜伽十八会指帰《こんごうちょうきょうゆがじゅうはってしいき》』や『都部陀羅尼目《とぶだらにもく》』などの記述によれば、『金剛頂経』は、『大日経』のような単一の経典ではなく、十八種の経典や儀軌《ぎき》を集めた一大叢書であったとされる。

金剛界曼荼羅が説かれるのは、その中でも根本となる首巻の『真実摂経《しんじつしょうきょう》』であり、不空三蔵はその冒頭の一部分のみを漢訳した。日本の真言密教で単に『金剛頂経』といえば、この不空訳を指す。なお、『真実摂経』の全体を翻訳したのは、宋の時代の施護《せご》三蔵であった。『真実摂経』は、「金剛界品《こんごうかいほん》」、「降三世品《ごうざんぜほん》」、「遍調伏品《へんちょうぶくほん》」、「一切義成就品《いっさいぎじょうじゅほん》」の四つの章（四大《しだい》品《ほん》）からなり、その全体には都合して二十八種の曼荼羅が説かれている。

大師請来の金剛界九会曼荼羅は、そのうち「金剛界品」に説かれる六種すべての曼荼羅（成《じょう》身会《じんね》、三昧耶会《さんまやえ》、微細会《みさいえ》、供養会《くようえ》、四印会《しいんね》、一印会《いっちんね》）に、「降三世品」に説かれる十種の曼荼羅のうちの最初の二種（降三世会《ごうざんぜえ》、降三世三昧耶会《ごうざんぜさんまやえ》）と、『理趣経《りしゅきょう》』の曼荼羅一種（理趣会《りしゅえ》）を加え、それらを一画面に集めて描いた複合的な曼荼羅である（カラー口絵参照）。九会曼荼羅は、胎蔵大曼荼羅と規模が同じになるように、恵果和尚が独自に考案した曼荼羅であると考えられている。

九会曼荼羅を構成する九種の曼荼羅の中で基本となるのは、中央の成身会で、他の曼荼羅はそのアレンジである。

金剛界の三十七尊

成身会は、「金剛界五仏《こんごうかいごぶつ》」あるいは「五智如来《ごちにょらい》」と呼ばれる、中央の大日如来、東の阿閦如来《あしゅくにょらい》、南の宝生如来《ほうしょうにょらい》、西の阿弥陀如来《あみだにょらい》、北の不空成就如来《ふくうじょうじゅにょらい》の五如来を中心に、諸仏を生み出す仏母《ぶつも》としての四波羅蜜菩薩《しはらみつぼさつ》、四方の四如来を補佐する十六大菩薩《じゅうろくだいぼさつ》、供養を捧げる女性尊である八供養菩薩《はちくようぼさつ》(内《ない》四供養と外《げ》四供養)、曼荼羅の四方にある四つの門を守護するとともに、衆《しゅ》生《じょう》を悟りの世界に引き入れる四摂菩薩《ししょうぼさつ》の、三十七尊を中心に構成される(図4)。これら三十七尊は、そのはたらきや特性によって、五如来をそれぞれの部族主《ぶぞくしゅ》とする如来部《にょらいぶ》、金剛部《こんごうぶ》、宝部《ほうぶ》、法部《ほうぶ》、羯磨部《かつまぶ》の五つのグループ(五部族《ごぶぞく》)にわかれている。

「金剛界」とは、曼荼羅の中央に坐す大日如来の絶対性を表す言葉で、他の三十六尊は、大日如来の完全無欠な智慧《ちえ》を細分し、それら一つひとつのはたらきを人格化したものである。よって、金剛界曼荼羅は「智《ち》の曼荼羅」と呼ばれる。

金剛界曼荼羅に対峙《たいじ》した修行者は、瞑想の中でそれら一尊一尊との瑜伽を順に繰り返してゆくことによって、三十七の徳を身に付け、最終的に大日如来の絶対の智慧を獲得し、大日如来と等しい存在になることをめざすのである。

なお、『請来目録』にある金剛界八十一尊大曼荼羅は、九会曼荼羅から成身会のみを取り出して、基本の三十七尊に、賢劫尊《げんごうそん》と呼ばれる菩薩のグループや、曼荼羅の外周を護るヒンドゥ

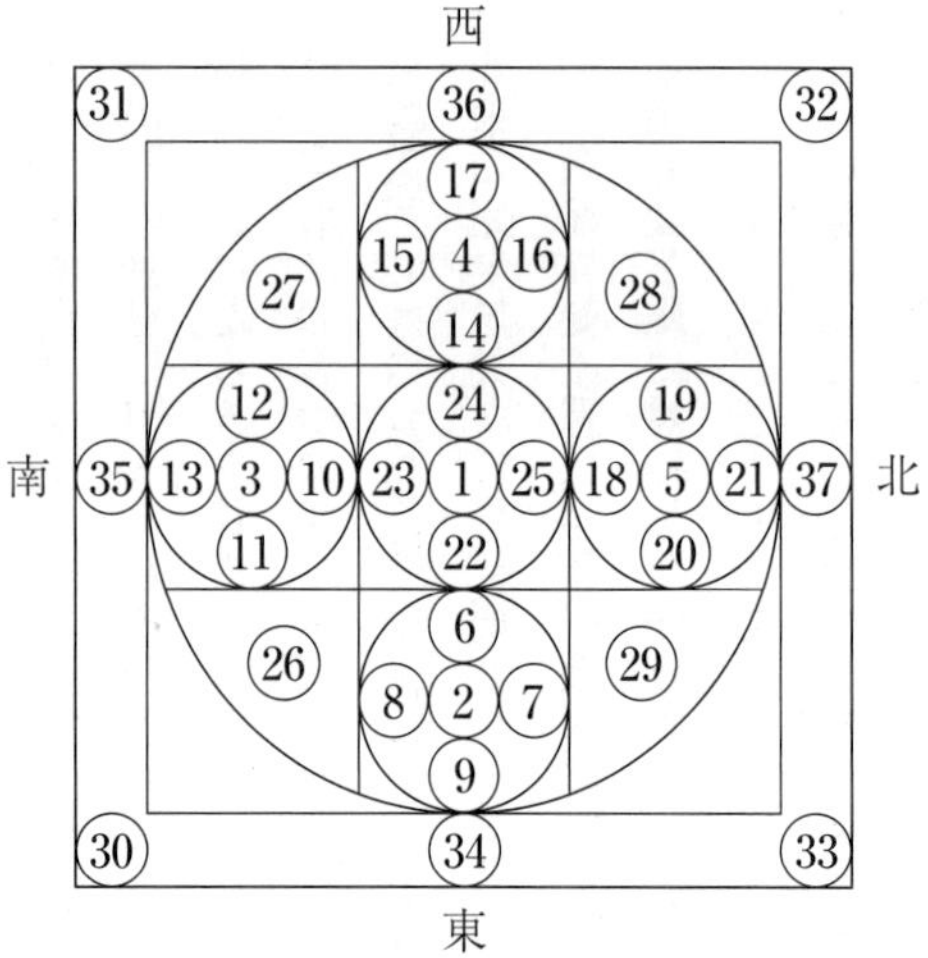

〈五如来〉
1 大日如来
2 阿閦如来
3 宝生如来
4 阿弥陀如来
5 不空成就如来

〈十六大菩薩〉
6 金剛薩埵
7 金剛王菩薩
8 金剛愛菩薩
9 金剛喜菩薩
10 金剛宝菩薩
11 金剛光菩薩
12 金剛幢菩薩
13 金剛笑菩薩
14 金剛法菩薩
15 金剛利菩薩
16 金剛因菩薩
17 金剛語菩薩
18 金剛業菩薩
19 金剛護菩薩
20 金剛牙菩薩
21 金剛拳菩薩

〈四波羅蜜〉
22 金剛波羅蜜菩薩
23 宝波羅蜜菩薩
24 法波羅蜜菩薩
25 羯磨波羅蜜菩薩

〈内四供養〉
26 金剛嬉菩薩
27 金剛鬘菩薩
28 金剛歌菩薩
29 金剛舞菩薩

〈外四供養〉
30 金剛香菩薩
31 金剛華菩薩
32 金剛灯菩薩
33 金剛塗香菩薩

〈四摂〉
34 金剛鉤菩薩
35 金剛索菩薩
36 金剛鎖菩薩
37 金剛鈴菩薩

図4　金剛界曼荼羅の基本となる三十七尊

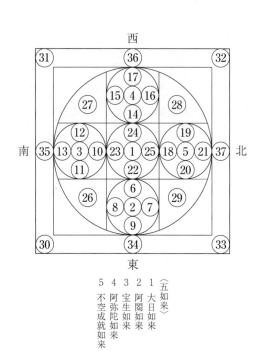

ー教の神々などを加えた、文字どおり八十一尊から構成される曼荼羅である。慈覚大師円仁《じかくだいしえんにん》や智証大師円珍《ちしょうだいしえんちん》も同じ系統の曼荼羅を請来したので、特に天台宗《てんだいしゅう》の密教(台密《たいみつ》)で重要視された。

請来本の継承

大師が請来した両部曼荼羅は、帰朝から十五年を経た弘仁十二(八二一)年には著しく傷み、「絹破れ、彩《いろ》落ちて、尊容化《そんようけ》しなんと欲す」(『性霊集《しょうりょうしゅう》』巻第七「四恩《しおん》の奉為《おんため》に二部の大曼荼羅を造する願文《がんもん》」)という状態にあったという。そこで、大師が発願《ほつがん》し、右大臣の藤原冬嗣《ふじわらのふゆつぐ》などの有力貴族をスポンサーとして、新たに複写本が制作された。

それらを「弘仁本《こうにんぼん》」と呼ぶが、残念ながら原本ともども現存しない。なおその際には、五大《ごだい》虚空蔵菩薩《こくうぞうぼさつ》像、五忿怒尊《ごふんぬそん》像、金剛薩埵《こんごうさった》像、仏母明王《ぶつもみょうおう》(孔雀《くじゃく》明王)像、十大護天王《じゅうだいごてんのう》像、蘖魯拏天《きゃろだてん》像など、曼荼羅以外にも多くの仏画が描かれた。

しかし幸いにも、大師請来の原本あるいは弘仁本を祖本とする両部曼荼羅が京都の神護寺《じんごじ》に伝わっており、「高雄《たかお》曼荼羅」と称されている。彩色の作品ではなく、紫綾地《しりょうじ》と呼ばれる濃い紫に染めた綾織《あやおり》の絹地に金銀泥《きんぎんでい》で描いた特殊な曼荼羅であるが、大師の在世中に描かれた、現存する唯一の作品である。高雄山寺《たかおさんじ》(現在の神護寺)の灌頂堂《かんじょうどう》に掛けられていたという。

高野山に伝わる通称「血《ち》曼荼羅」もまた、高雄曼荼羅に次ぐ古い作品であり、大師請来本の図様を受け継いでいる。この両部曼荼羅は、久安五(一一四九)年に焼失した高野山の伽藍《がらん》を平清盛が再興した際に奉納されたもので、胎蔵曼荼羅の中央の大日如来の彩色に、清盛の血を用いたという伝承があるのでそのように呼ばれる。この本のカラー口絵の両部曼荼羅は、血曼荼羅を最新の技術を用いて復元したものである。

その他、弘仁本を転写したものに、建久二(一一九一)年に制作された建久本(第二転写)と、収納されていた箱の蓋に永仁四(一二九六)年の銘記がある永仁本(第三転写)があるが、いずれも破損が著しい。これらは、東寺《とうじ》の宝蔵の屋根裏から発見された。

また、現在も後七日御修法《ごしちにちみしほ》(第一章の5参照)の際に掲げられる元禄本は、徳川綱吉の生母、桂昌院《けいしょういん》を施主《せしゅ》として、元禄六(一六九三)年に永仁本を祖本として描かれたものである。ただし、真寂法親王《しんじゃくほっしんのう》(八八六〜九二七)が著した『諸説不同記《しょせつふどうき》』などの文献資料を参照して、随所に変更が加えられている。

なお、『性霊集』巻第八に収録される「老子先妣《せんぴ》の周忌《しゅうき》の為に両部曼荼羅大日経を図写し供養して講説する表白文《ひょうびゃくもん》」によって、大師がある人物の亡き母親の一周忌に触れて両部曼荼羅を制作したことを知ることができるが、その時期や規模など、詳細は不明である。

大師が制作した曼荼羅

両部曼荼羅以外にも、大師が多様な曼荼羅を制作したことを、『性霊集』に収録される願文《がんもん》の類を通してうかがい知ることができる。願文とは、法要に際して祈願の主旨を述べた文章をいう。それらの曼荼羅が、いずれも故人の追福《ついふく》のために描かれていることは、興味深い。

唐から帰朝後、九州で待機を強いられていた時期、大師は大宰少弐《だざいしょうに》（大宰府《だざいふ》の副官）の亡き母親のために追善《ついぜん》の法要を催しており、その際、千手観音《せんじゅかんのん》を中央に描き、周囲に金剛界曼荼羅の八供養菩薩と四摂菩薩を配した十三尊からなる別尊《べっそん》曼荼羅を制作している。法要の願文には、大同二（八〇七）年二月十一日の日付がある。

弘仁十二（八二一）年九月七日には、入唐《にっとう》に際して苦楽をともにし、同九（八一八）年に逝去した、もと遣唐大使の藤原葛野麻呂《ふじわらのかどのまろ》の冥福を祈り、金剛界九会曼荼羅の理趣会に相当する『理趣経』の十七尊《じゅうしちそん》曼荼羅を制作している。その曼荼羅は、葛野麻呂の遺品であった紫綾《しりょう》の文服《あやのふく》をキャンバスとして、そこに金銀の糸で諸尊を刺繍した、特別なものであった。なお、大師の弟子の忠延《ちゅうえん》の亡くなった母親の追善法要に際しても、大師がこの曼荼羅を描いたという伝承がある。

また、天長元（八二四）年十月二十二日には、内裏《だいり》の諸門を守衛する役職にあった笠朝臣仲守《かさのあそんなかもり》の亡き母親のために「大日の微細会《みさいえ》の曼荼羅一鋪九幅」を描き、天長四(八二七)年五月二十二日には、さらに仲守の亡き妻のために「大日一印《いっちん》の曼荼羅一鋪五幅」を制作し、『大日経』を書写している。これらは、金剛界九会曼荼羅から、微細会と一印会を抽出したものであろう。

その他、天長四年に嵯峨《さが》天皇を施主として伊予親王《いよしんのう》の鎮魂を祈った砌《みぎり》には「法曼荼羅と三昧(耶)曼荼羅」が描かれた。しかし、それらの詳細は明らかではない。

2 祖師たちの肖像

師の絶対性

恵果和尚《けいかかしょう》の入滅《にゅうめつ》に接して、和尚の顕彰碑に刻むための文章を、数多《あまた》の弟子を代表して大師が草したことはすでに述べた。その碑文は『性霊集』巻第二に収録されているが、その中に、密教において師と弟子の結びつきがいかに重要であるかを述べた、次のような一節がある。

「師師相伝《そうでん》して今に七葉《しちよう》。冒地《ぼうじ》の得難きには非《あら》ず。此《こ》の法に遭《あ》うことの易《やす》からざるなり」

〈密教の教えは、七代の師を経て今日まで相伝されてきた。悟りなど、さして得難いもの

ではない。法を正しく伝えてくれる師に出会うことのほうが、稀有で困難なのである〉

悟りよりも、優れた師との邂逅《かいこう》のほうが尊いと述べた、大胆な表現といえよう。阿闍梨《あじゃり》と呼ばれる師からその弟子へ、口伝えによって教理や実践法が伝承される密教では、師は絶対的な権威をもつ。師がいなければ、仏の教えを知ることはできない。師こそ、法の現れであると考えられた。

密教を枢軸とするチベット仏教は、かつてラマイズムと呼ばれた。ラマ(bla ma)とは、師とか高僧を指す言葉であり、チベットの僧侶たちがみな、師を仏や菩薩以上にねんごろに敬うため、そのような呼称が生まれたのである。

付法の八祖

さて、「恵果和尚の碑文」にある、七葉(七代)の師とは、大日如来《だいにちにょらい》、金剛薩埵《こんごうさった》、龍猛《りゅうみょう》、龍智《りゅうち》、金剛智《こんごうち》、不空《ふくう》、恵果《けいか》の七祖を指す。これらは、おもに『金剛頂《こんごうちょう》経《きょう》』系の密教を嫡々《ちゃくちゃく》と伝承してきた祖師たちであり、真言宗では、さらに大師を加えて「付法《ふほう》の八祖《はっそ》」と呼ぶ。

第一祖の大日如来は、真言密教の教主《きょうしゅ》である。時空を超えて大宇宙に遍在していて、常に説法を投げ掛けているが、凡夫《ぼんぷ》はそれを聞くことができない。

第二祖の金剛薩埵は、悟りの世界と現実の世界を行き来して、大日如来の言葉を、曼荼羅《まんだら》や真言《しんごん》を通して現実に伝えてくれる存在である。

第三祖の龍猛菩薩は、南天《なんでん》(南インド)にあったとされる聖なる鉄塔の中で、金剛薩埵から大日如来の説いた密教の教えを人間としてはじめて聴聞《ちょうもん》し、その教えを、われわれが暮らす娑婆《しゃば》世界に伝えた。

第四祖の龍智阿闍梨は、龍猛菩薩の弟子で、七百歳の長寿を保ったといわれる。バラモン教の教理にも通じていたインドの聖者である。

第五祖の金剛智三蔵《さんぞう》は、『金剛頂経』系の密教をはじめて中国に紹介したインド僧で、海路で唐土を訪れ、『略出念誦経《りゃくしゅつねんじゅきょう》』や『毘盧遮那三摩地法《びるしゃなさんまじほう》』などの儀軌《ぎき》を漢訳した。

その弟子が、第六祖の不空三蔵である。不空は、インド人の父と中央アジア出身の母をもち、唐の長安で金剛智三蔵に入門した。インドにも留学し、『金剛頂経』系の密教の根本となる『真実摂経《しんじつしょうきょう》』をはじめ、多くの密教経典のサンスクリット語原典を持ち帰り、それらを漢訳した。

そして、第七祖である恵果和尚は、この不空三蔵より受法し、そのすべてを余すところなく大師に伝えた。

大師は、これら七祖の性格や経歴をまとめた『秘密曼荼羅教付法伝《ひみつまんだらきょうふほうでん》』（略称『広付法伝《こうふほうでん》』）を著して、自身が相承《そうじょう》した密教の由緒を明らかにしている。また、この著作の略本とされる文献に『真言付法伝《しんごんふほうでん》』（略称『略付法伝《りゃくふほうでん》』）があるが、同書は、『大日経』の伝承にかかわった善無畏三蔵《ぜんむいさんぞう》と一行禅師《いちぎょうぜんじ》にも言及しており、大師の真作ではなく、後世の編とする説が有力である。

大師請来の祖師影

ここで、『請来目録《しょうらいもくろく》』に次のように記載されている五鋪《ほ》の祖師影《そしえい》に注目してみよう。いずれもが、三幅《ふく》という同じサイズの画布に描かれていて、五鋪が組図《くみず》（セット）として制作された意図がうかがえる。なお「影」とは、肖像画のことをいう。

金剛智阿闍梨影　一鋪　三幅
善無畏三蔵影　一鋪　三幅
大広智《だいこうち》阿闍梨影　一鋪　三幅
青龍寺《しょうりゅうじ》恵果阿闍梨影　一鋪　三幅
一行禅師影　一鋪　三幅

内訳を見ると、「阿闍梨」の称号が付された金剛智、大広智（不空三蔵の別称）、恵果の三祖は、

『金剛頂経』系の密教を中国に伝え弘《ひろ》めた祖師たちであり、付法の八祖にも含まれる。

一方、善無畏と一行の二祖は、協力して『大日経』を漢訳した師弟コンビで、『大日経』系の密教を中国へ移植した功労者たちである。善無畏三蔵は、インドの王族出身の学僧で、ナーランダー僧院で学び、八十歳を超えて唐の地に到った。一行禅師は中国の人で、天台《てんだい》や禅にも通じ、「大衍暦《たいえんれき》」という暦を編んだ天文学者でもあった。禅師はまた、善無畏三蔵の口述をまとめた『大日経疏《だいにちきょうしょ》』という『大日経』の注釈書を著している。

恵果和尚は、不空三蔵から主として『金剛頂経』系の密教を受法するとともに、善無畏三蔵の弟子であった玄超《げんちょう》阿闍梨について『大日経』系の密教を本格的に学び、両系統の密教を結びつけて、「両部《りょうぶ》」と定義した。

大師が請来した五鋪一組の祖師影には、中国における『金剛頂経』の相承系譜と『大日経』のそれを、一つにまとめる意向が見て取れる(図5)。そしてそれらは、法統《ほうとう》が代々途切れることなく伝えられたことを保証するための、密教にはなくてはならない芸術作品なのである。

なお、『金剛頂経』系の密教を相承した祖師たちが『大日経』を知らなかったわけではなく、『大日経』系の密教を相承した祖師たちが『金剛頂経』を知らなかったわけではない。金剛智、不空の両三蔵は、「胎蔵旧図様《たいぞうきゅうずよう》」と呼ばれる古いタイプの胎蔵曼荼羅を伝承しており、逆に善無畏三蔵は、「五部《ごぶ》心観《しんがん》」という、恵果和尚が伝えた九会曼荼羅とは異なった金剛界曼荼羅を中国にもたらしている。

そのため、金剛智が善無畏に『金剛頂経』系の密教を、善無畏が金剛智に『大日経』系の密教を互いに伝授し合ったという「金善互《こんぜんご》授《じゅ》」の伝説が生まれた。

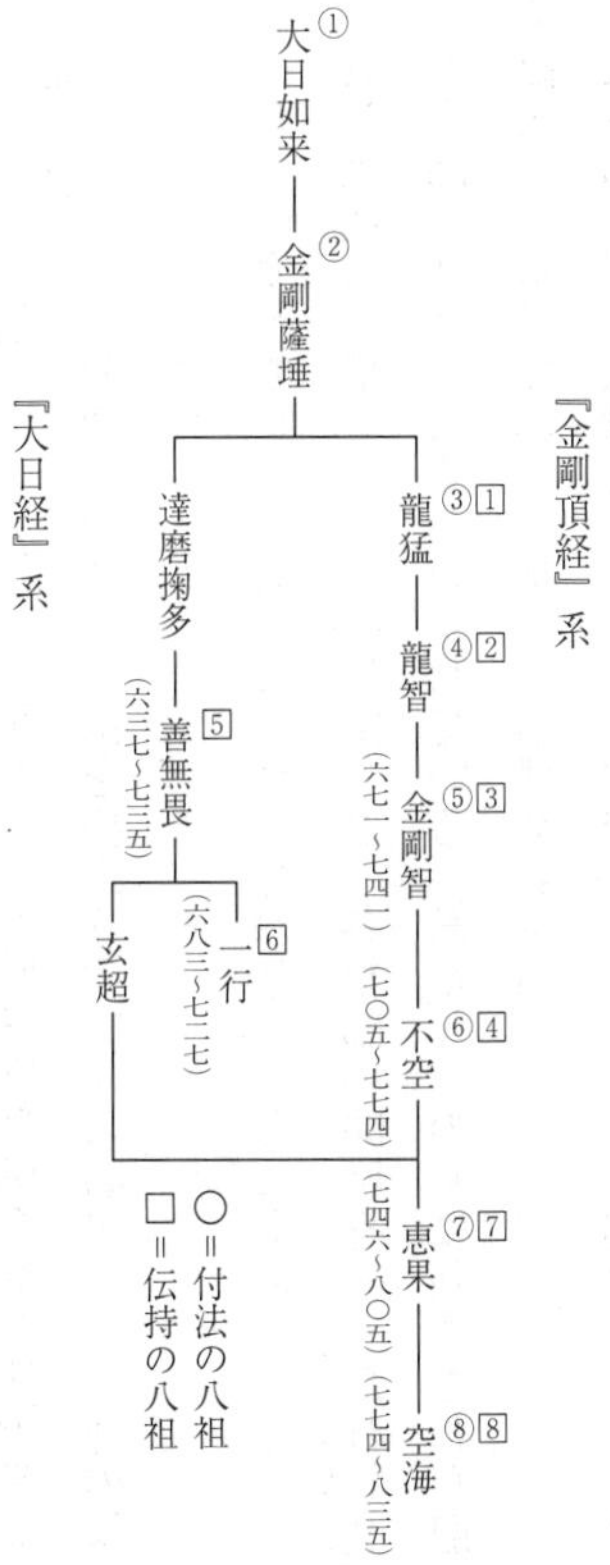

図5　真言八祖とその系譜

弘仁十二(八二一)年九月、大師は両部曼荼羅を新調することに併せて、龍猛菩薩と龍智阿闍梨の肖像を描かせ、唐から請来した五鋪の祖師影に加えて、七祖像とした。

伝持の八祖

それらはすべて京都の東寺に現存しており、国宝に指定されている。七鋪の祖師影にはそれぞれ、画面の上部と下部に、祖師名と、各祖師の略歴を綴った行状文《ぎょうじょうもん》が記入されており、いずれも大師の文字であるといわれている。ただし、のちに制作された龍猛と龍智の影に限っては、嵯峨天皇の宸筆《しんぴつ》であると推測する研究者もある。

これら七祖に大師を加えた八人の祖師たちは、先に述べた「付法の八祖」に対して「伝持《でんじ》の八祖」と呼ばれる。真言宗では、本堂の内陣《ないじん》や灌頂《かんじょう》をおこなう道場に、必ずそれらの画像を掲げる習いである。

伝持の八祖を制定したのは仁和寺《にんなじ》の守覚法親王《しゅかくほっしんのう》(一一五〇〜一二〇二)であるともいわれるが、天暦五(九五一)年に完成した醍醐寺《だいごじ》五重塔の内部には、現存する最古の作例とされる八祖像が描かれている。

また、第三章で紹介したように、東寺の灌頂院《かんじょういん》の壁画には、西側に金剛界《こんごうかい》の大日如来を表す梵字と、金剛薩埵、龍猛、龍智、金剛智、不空の肖像が、東側に胎蔵《たいぞう》の大日如来を表す梵字と、善無畏、一行、恵果、大師の肖像が描かれていたという（『東宝記《とうぼうき》』）。西が『金剛頂経』系、東が『大日経』系の相承系譜に一致し、これは、付法と伝持、両系統の八祖を取り合わせた配列であるといえる。

壁画は、会《え》理《り》僧都《そうず》（八五二〜九三五）が東寺の別当《べっとう》を務めていた時代に制作されたと伝えられるが、残念ながら現存していない。

東寺の国宝七祖像は、千二百年のときを経て、香煙による汚れなどで図像の細部を確認することが困難である。本書では、女人高野《にょにんこうや》として名高い奈良の室生寺《むろうじ》に伝わる、鎌倉時代に描かれたその忠実な模写作品を掲載した（次ページ写真）。なお室生寺本は、さらに真如様式の弘法大師像を加えて真言八祖の形式になっている。カラー口絵は、その大師像である。

真言宗の僧侶は、「龍三《りゅうさん》、龍経《りゅうきょう》、金珠《こんしゅ》、不縛《ふばく》、善指《ぜんし》、一内《いちない》、恵童《けいどう》、弘五《こうご》」と唱えて、伝持の八祖たちの図像の特徴を記憶する。

第一祖の龍猛菩薩は三鈷《さんこ》杵《しょ》、第二祖の龍智阿闍梨は経典、第三祖の金剛智三蔵は念珠《ねんじゅ》をそれぞれ右手に持つ。第四祖の不空三蔵は両手を縛し、第五祖の善無畏三蔵は右手の人差指を立て

龍智

龍猛

不空

金剛智

一行

善無畏

恵果

真言七祖像(室生寺)

る。第六祖の一行禅師は衣の内で印《いん》を結び、第七祖の恵果和尚は一人の童子を従える。なおこの童子を、天台宗の円仁《えんにん》や円珍《えんちん》が入唐《にっとう》した際に教えを請うた、青龍寺の法全《はっせん》阿闍梨であるとする伝承もある。そして、第八祖の弘法大師は、右手に五鈷杵《ごこしょ》、左手に念珠を携えている。

3　密教法具と付嘱物

修法と法具

大師は、絵画作品のほかに、技を尽くした工芸品の数々も請来している。その筆頭に挙げられるのが、多種の密教法具である。『請来目録』には、五宝五鈷金剛《ごほうごここんごう》杵《しょ》一口、五宝五鈷鈴《ごこれい》一口、五宝三昧耶杵《さんまやしょ》一口、五宝独鈷金剛《とっここんごう》一口、五宝羯磨金剛《かつまこんごう》四口、五宝輪《りん》一口、五宝金剛橛《こんごうけつ》四口、金銅盤子《こんどうばんす》一口、金花銀閼伽盞《あかさん》四口の九種が挙げられており、それらの多くには、仏舎利《ぶっしゃり》がはめ込まれていたと注記されている。「口」は、法具を数える単位である。

なお「五宝」とは、金、銀、水晶、瑠璃、真珠などの五種の珍宝をいうが、それらが、仏舎利とともにちりばめられていたのであろうか。あるいは、特殊な合金を「五宝」と呼んだのであろうか。

密教の修法《しゅほう》は、まず壇《だん》を設けることから始められる。インドでは、神聖視される牛の糞尿を用いて土壇《どだん》を築いたが、中国や日本では、もっぱら木製の壇が使われるようになった。次いで修行者は身を清め、魔物の侵入を防ぐ結界《けっかい》の作法を厳重におこなったのち、壇の上に本尊や曼荼羅の仏たちを招き、香花《こうけ》を献じてねんごろに供養する。そしていよいよ、諸尊と一体となる瑜伽《ゆが》の瞑想に入り、瞑想が終われば、再び供養の品々を奉献し、時空を超えた法界《ほうかい》へとお帰りいただく。この一連のプロセスは「供《く》養法《ようぼう》」と呼ばれ、インドの賓客《ひんきゃく》接待の作法に倣ったものであるといわれている。

日本密教の壇

真言宗や天台宗の寺院で目にするきらびやかな密教法具の数々は、このような修法の中で用いられるツールである。

大師請来の法具

ここで、大師が請来した密教法具の一つひとつに注目してみよう。

密教法具(東寺)

金剛橛は、壇の四隅に打ち込む杭《くい》で、直接それで魔物の動きを封じ込めるとともに、それらに五色の糸を張り巡らしてバリアーとする。

羯磨金剛は、十字の形をした平らな法具で、仏の活動や実行力を象徴する。四つの羯磨金剛を壇の四隅に置くことによって、壇が曼荼羅としての機能をもつようになる。

壇の中央に据える車輪の形をした円《まる》い輪《りん》は、不退転の象徴であり、「転法輪《てんぼうりん》」すなわち説法を表す標《しるし》でもある。また、サンスクリット語のマンダラ(maṇḍala)には、「円」や「輪」の意味があり、輪が曼荼羅そのものをも象徴する。

五鈷金剛杵(五鈷杵《ごこしょ》)、三昧耶杵(三鈷杵《さんこしょ》)、独鈷金剛(独鈷杵《とっこしょ》)は、ヴァジュラ(vajra)と呼ばれるインドの武器で、両端に付いた鋭い突起の数がそれぞれ異なる。密教では、修行を妨げる魔物や、修行者の心中の煩悩を打ち砕くための法具となった。五鈷は金剛界五仏《こんごうかいごぶつ》の五智《ごち》を、三鈷は仏の身体、言語、精神の活動である三密《さんみつ》を、独鈷は一味《いちみ》の法界《ほうかい》（すべてのものが一つに融合した悟りの世界）を表すともいわれる。

五鈷鈴は、柄の部分に五鈷を付けた一種のハンドベルで、その音色には、いつもは深い瞑想に入っている諸仏と、自身の中の仏性《ぶっしょう》の、両者を目覚めさせる効果があるとされる。

金銅盤子は、一般に金剛盤《こんごうばん》と呼ばれる、金剛杵と五鈷鈴を載せるための脚の付いた台である。

金花銀閼伽盞については、その材質や形状は不明であるが、供養のための水を盛る器の類であったと予想される。「閼伽《あか》」とは、サンスクリット語のアルガ（argha）の音写で、仏に供える浄水のことをいう。

これらの大師請来の密教法具のうち、五鈷金剛杵と五鈷鈴、それらを載せる金銅盤子（金剛盤）が東寺に現存しており、すべて国宝に指定されている（前ページ写真）。

阿闍梨の付嘱物　付嘱物《ふしょくぶつ》とは、密教の法が完全に伝授されたとき、その証《あかし》として師が弟子に与える法《ほう》具《ぐ》や宝物《ほうもつ》のことをいう。

『請来目録』には、仏舎利八十粒、刻白檀《こくびゃくだん》（白檀に刻んだ）仏菩薩金剛等《ぶつぼさつこんごうとう》の像《ぞう》一龕《がん》、白《はく》緤大曼荼羅尊《せつだいまんだらそん》四百四十七尊、白緤金剛界三昧耶曼《はくせつこんごうかいさんまやまん》陀《だ》《ママ》羅尊《らそん》一百二十尊、五宝三昧耶金剛《ごほうさんまやこんごう》一口《く》、金銅鉢子一具二口、牙床子一口、白螺貝一口の八種が記載されており、これらは金剛智三蔵がインドよりもたらして不空三蔵に付与し、その後、不空三蔵より恵果和尚へ、恵果和尚より大師へと順に継承された、由緒正しい伝世品であるという。

仏舎利とは、釈尊の遺骨の粒のことである。大師請来の仏舎利は東寺の宝蔵に大切に奉安され、代々の長者《ちょうじゃ》(住職)が丁重に守ってきた。毎年正月におこなわれる後七日御修法《ごしちにちみしほ》では、本尊としてこの仏舎利が祀られる。

刻白檀仏菩薩金剛等の像は、高野山の至宝として伝わる、国宝の諸尊仏龕《しょそんぶつがん》(通称「枕本尊《まくらほんぞん》」、本章扉写真)がこれに相当する。如来と脇侍《きょうじ》の二菩薩を、聖衆《しょうじゅ》と呼ばれる無数の菩薩や神々とともに白檀製の厨子《ずし》に刻んだもので、閉じれば、携帯に便利な八角柱の仏塔の形になる。精緻な彫刻の表現にインドのグプタ様式の影響がうかがえるが、実際には唐で制作された作品であると見なされている。

二点ある白緤曼荼羅尊は、白い布に曼荼羅の諸尊や三昧耶形《さんまやぎょう》を描いた図像集であろう。名称や尊数から、白緤大曼荼羅尊には胎蔵《たいぞう》系の、白緤金剛界三昧耶曼陀羅尊には金剛界《こんごうかい》系の仏たちが描かれていたものと思われる。

五宝三昧耶金剛は、密教法具の三鈷杵のことで、この三鈷杵こそが、大師が唐より日本に向かって投擲《とうてき》した飛行《ひぎょう》三鈷杵（第一章の4、三〇ページ写真）であるとする意見もある。

金銅鉢子は、僧侶が托鉢《たくはつ》に用いる金属製の容器であり、「衣鉢《いはつ》を継ぐ」といわれるように、鉢は袈裟とともに、伝法のシンボルとしてよく知られている。

牙床子は、四脚の先端が牙のように反り返った、あるいは象牙で作られた牀台《しょうだい》であったと思われるが、その委細は不明である。

白螺貝は、白い法螺貝《ほらがい》のことで、シャンカ(śaṅkha)というインドに産する巻貝の殻である。その音が遠くまで響き渡る法螺貝は、仏陀の説法の象徴とされ、灌頂の儀式に際して阿闍梨から弟子にそれが授与される。東寺の宝蔵には、長さ二二・二センチメートル、幅六・三センチメートルの白螺貝が収められており、これが大師の請来品に相当する可能性も考えられる。

恵果和尚の付嘱物

さらに、恵果和尚個人から大師に贈られた品々として、健陀穀子袈裟《けんだこくしけさ》一領、碧瑠璃《へきるり》供養鋺《くようわん》一口、琥珀《こはく》供養鋺一口、白瑠璃《はくるり》供養椀《わん》《ママ》一口、紺瑠璃箸《こんるりのはし》一具の五点が『請来目録』に記されている。

特に有名なのが健陀穀子袈裟で、右肩を覆う横被《おうひ》という布とともに、国宝として今なお東寺

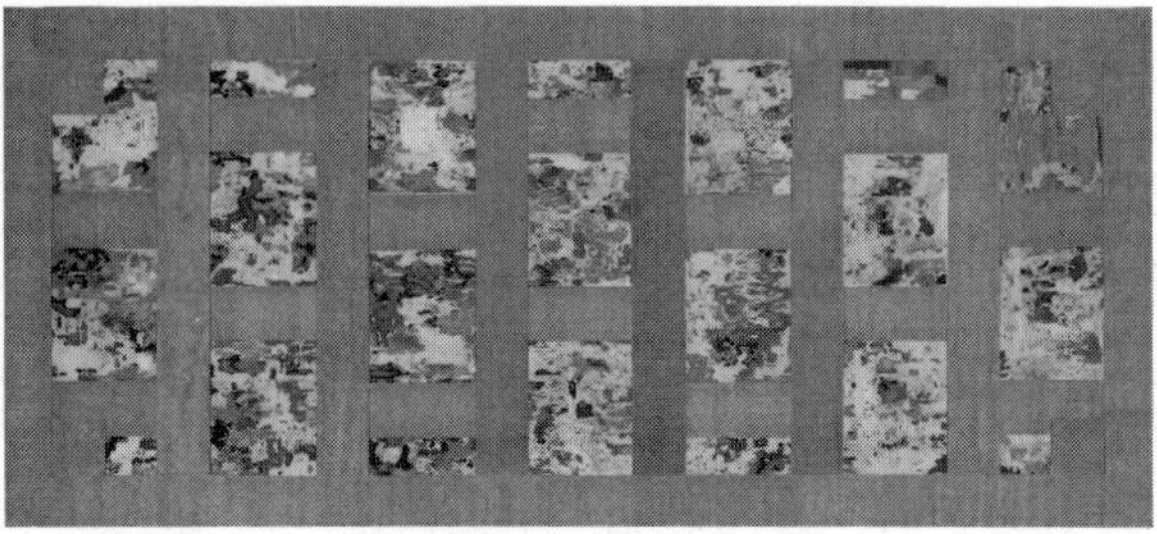

健陀縠子袈裟（東寺）

に伝えられている。かつては後七日御修法で導師《どうし》を務める「大阿《だいあ》闍梨《じゃり》」と呼ばれる高僧が、この袈裟をまとって修法に臨んでいたという。

「健陀」とは、染料に用いた健陀樹《けんだじゅ》という植物の果実であるともいわれるが、定説には至っていない。「縠子」は綴織《つづれおり》の錦を意味する言葉で、田相《でんそう》と呼ばれる生地の部分には、さまざまな色の絹糸を用いて層雲状の模様が織り出されている。

残る四点の付嘱物は、磨いた宝玉やガラスなどで作った、仏への供養に用いる食器の類であったと推測される。

なお大師が、伝法の返礼として、恵果和尚に袈裟と手鑪《しゅろ》（柄の付いた香炉）を贈ったことが知られている。それらの品に添えられた大師の書状「青龍《しょうりゅう》の和尚に衲《のう》の袈裟を献ずる状」が、『性霊《しょうりょう》集《しゅう》』巻第五に収録されている。

東寺講堂の仏像群

4　東寺講堂の仏像群

講堂の沿革

東寺の講堂には、大師が描いたプランの下に造像された、二十一体からなる仏像群が安置されている。

天長元(八二四)年に東寺の別当に就任した大師は、翌年の天長二(八二五)年に講堂の建立に着手した。講堂が竣工した時期は明確ではないが、『続日本後紀《しょくにほんこうき》』にある記録によれば、大師が入定《にゅうじょう》してのちの承和六(八三九)年六月十五日に仏像の制作が終わり、開眼《かいげん》供養がおこなわれた。

以来、千二百年にわたる星霜《せいそう》の中で幾度も

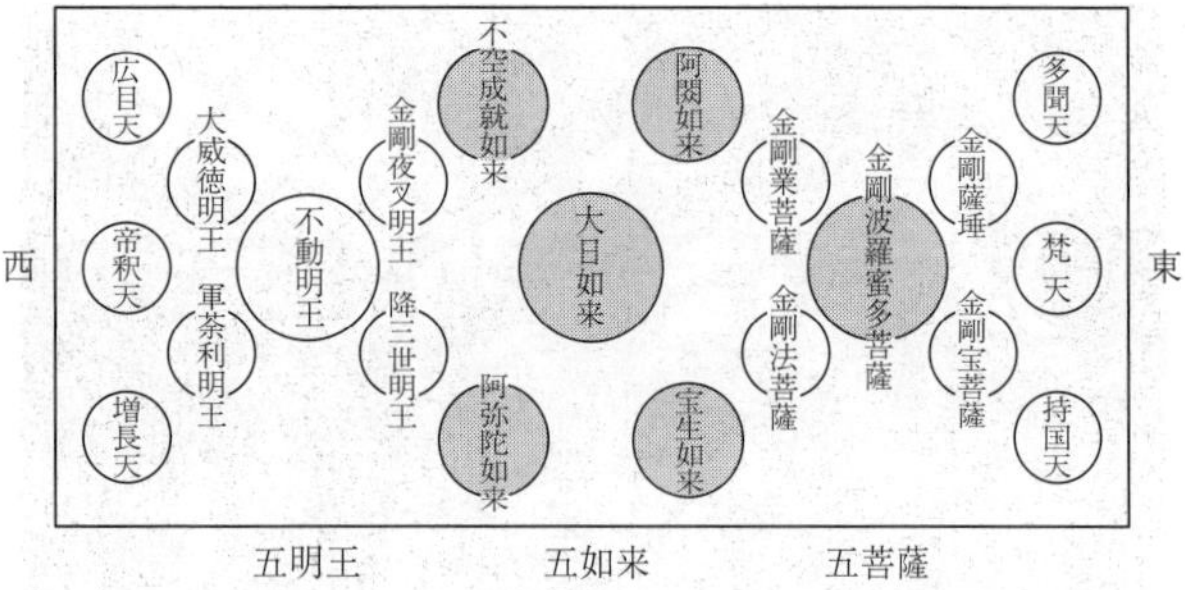

図6　東寺講堂の諸尊配置図（影付は補修像）

の修復を受けながら、講堂の仏たちは今日まで、人々の祈りを受け止め続けてきた。建久八（一一九七）年には、名仏師運《うん》慶《けい》が数十人の弟子たちを率いて修理に携わっており、その際、諸尊の頭部から銅筒や仏舎利が発見されたことが知られている。

不幸にも、室町時代の文明十八（一四八六）年に起こった土《つち》一揆《いっき》によって、講堂とともに六体の像（五如来《ごにょらい》像と金剛波羅蜜《こんごうはらみつ》多菩薩《たぼさつ》像）が焼失してしまったが、それらは十五世紀から十七世紀にかけて徐々に再刻され、二十一体の仏像群が作り出す曼荼羅空間は、現在もなお、講堂内に足を踏み入れる者たちを深淵な密教の世界へといざなって止まない。

仏像群の構成

二十一体の構成は、中央に五尊の如来、その東に五尊の菩薩、西に五尊の明王《みょうおう》、それらの四隅に四《し》天王《てんのう》、左右の端に帝釈天《たいしゃくてん》と梵天《ぼんてん》を配するという、

『仁王念誦儀軌』の五方諸尊

方位	五菩薩	五金剛(教令輪)	五天
東方	金剛手菩薩(普賢)	降三世金剛	持国天
南方	金剛宝菩薩(虚空蔵)	甘露軍荼利金剛	増長天
西方	金剛利菩薩(文殊)	六足金剛(大威徳)	広目天
北方	金剛薬叉菩薩(摧一切魔怨)	浄身金剛(烏枢沙摩)	多聞天
中方	金剛波羅蜜多菩薩(転法輪)	不動金剛	帝釈天

他に例のない特殊なもので、それは、大師の創意に基づくと考えられている(図6)。この構成と配列には一定の理論があり、全体を三次元の立体曼荼羅としてとらえることも不可能ではない。

講堂の仏像群は古来、不空三蔵《ふくうさんぞう》が撰述した『仁王念誦儀軌《にんのうねんじゅぎき》』に説かれる五方諸尊《ごほうしょそん》(表参照)を曼荼羅の形式に配列した、一種の仁王曼荼羅《にんのうまんだら》であると考えられてきた。しかし、両者を比較すると完全には一致せず、実際には、金剛界曼荼羅《こんごうかいまんだら》と五方諸尊の両方から、それぞれ数尊ずつを選び出して組み合わせた、独自の構成となっている。

中央に安置される大日《だいにち》、阿閦《あしゅく》、宝生《ほうしょう》、阿弥陀《あみだ》、不空成就《ふくうじょうじゅ》の五如来は、金剛界曼荼羅の中核をなす、いわゆる「金剛界五仏」である。しかし五如来は、『仁王念誦儀軌』には登場しない。

東側に安置される五菩薩のうち、中央の金剛波羅蜜多菩薩《こんごうはらみったぼさつ》は、『仁王念誦儀軌』に説かれる中方《ちゅうほう》の菩薩である。しかし、それを囲む四菩薩《しぼさつ》には、金剛界曼荼羅の十六大菩薩を代表する金《こん》剛薩埵《ごうさった》、金剛宝《こんごうほう》、金剛法《こんごうほう》、金剛業《こんごうごう》が採用されている。

西側に安置される不動《ふどう》、降三世《ごうざんぜ》、軍荼利《ぐんだり》、大威徳《だいいとく》、金剛夜叉《こんごうやしゃ》の五尊の明王は、後世、真言密教において「五大明王」として一般化する、怒れる仏たちのグループである。これら五尊の明王は、『仁王念誦儀軌』に五菩薩の化身《けしん》として説かれる五金剛の構成に近いが、『仁王念誦儀軌』には、金剛夜叉明王に替わって浄身金剛《じょうしんこんごう》が説かれている。浄身金剛は、天台系の密教で重視される烏枢沙摩明王《うすさまみょうおう》に相当する仏である。

講堂の仏像群の構成と深いつながりがあると予想される資料に、『仁王念誦儀軌』の五方諸尊を方位ごとに五鋪にわけて描いた「仁王経五方諸尊図《にんのうきょうごほうしょそんず》」と呼ばれる白描《はくびょう》図像(墨線のみで描いた図像)がある。この図では、北方の浄身金剛が金剛夜叉明王に変更されており、また、講堂の五体の明王像の姿は、この図に描かれる五金剛のそれにほぼ一致する。

「仁王経五方諸尊図」は、『請来目録』には掲載されていない、いわゆる「録外」の図像であるが、大師の請来品であると伝えられており、東寺と醍醐寺《だいごじ》にその転写本が伝存している。大師は『仁王念誦儀軌』の記述よりも、手許《てもと》に置いて秘蔵していたこの図像をより重要視したようである。

最後に、四隅と東西両端に配置される天部《てんぶ》の神々は、『仁王念誦儀軌』所説の五天に、仏法

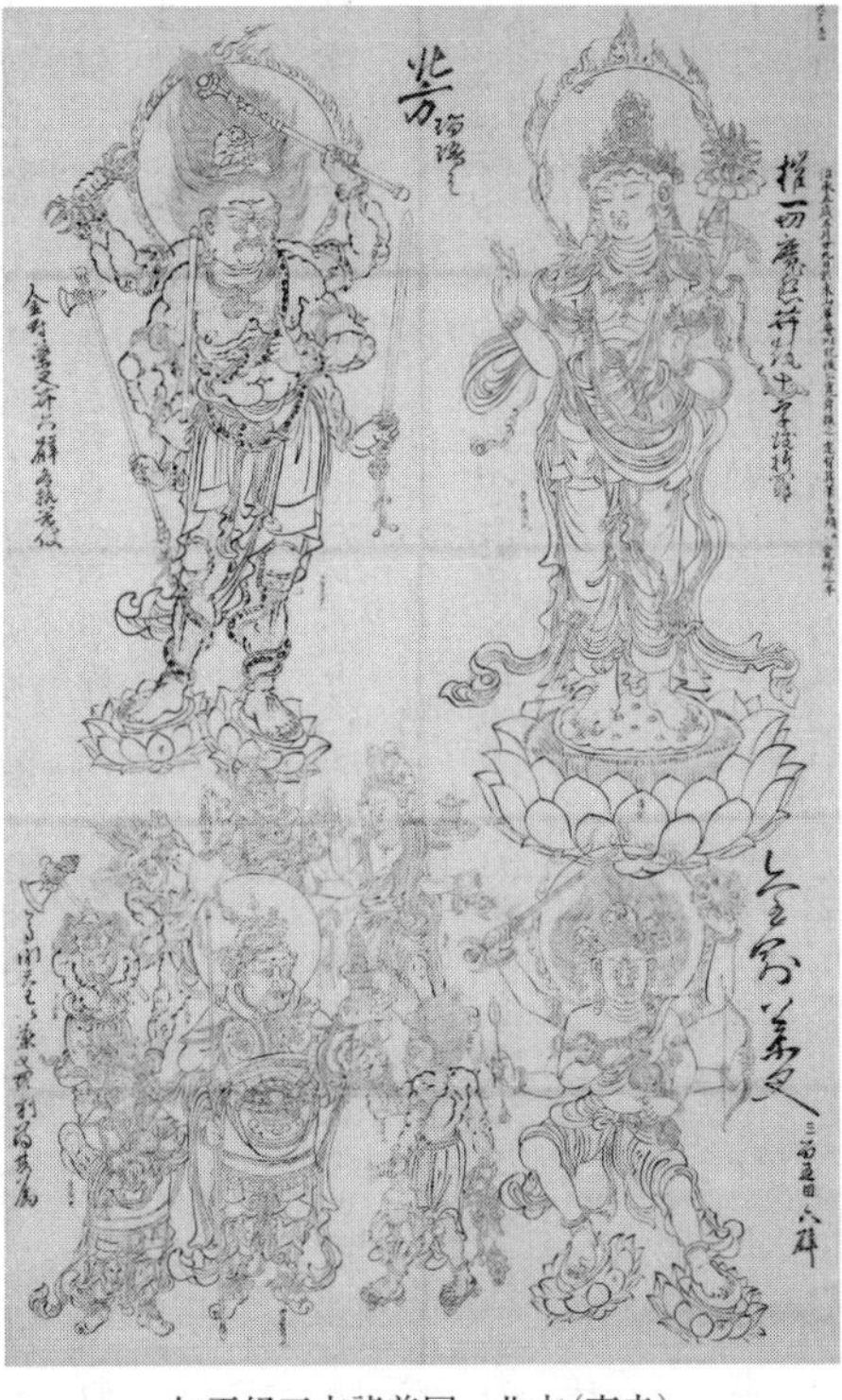

仁王経五方諸尊図・北方(東寺)

の守護神として古くから帝釈天と一具で信仰されてきた梵天を加えたものである。帝釈天と梵天は、それぞれ象と鵞鳥《がちょう》の鳥獣座《ちょうじゅうざ》に騎乗した密教像として表現されており、そこに大師ならではの新しさがある。

なお、唐の長安にあった鎮護国家の道場、大安国寺《だいあんこくじ》に安置されていた仏像群が、東寺講堂の仏像群のプロトタイプになったという意見も提出されている。

明王と三輪身説

講堂の仏像群のうち、明王と呼ばれる怒れる仏たちは、大師によって日本に紹介され、はじめて造像された。その多面多臂《ためんたひ》の形相と忿怒《ふんぬ》の面貌から発せられるおどろおどろしいまでの迫力は、平安の人々をさぞかし驚かせたことであろう。

「明王」という語は、サンスクリット語に還元すれば、ヴィディヤーラージャ(vidyārāja)となり、「明呪《みょうしゅ》の王」という意味をもつ。明呪とは、唱えることによってさまざまな効力が得られる呪文のことで、その呪文のパワーやエネルギーを人格化したのが明王たちである。しかし、インドに「明王」という概念はなく、これらの怒れる仏たちは「忿怒尊(クローダ)」、「金剛尊(ヴァジュラ)」などと呼ばれる。

東寺講堂の諸尊について、五如来を、本来の姿である自性輪《じしょうりん》、五菩薩を、説法のために五如来が姿を変えた正法輪《しょうぼうりん》、そして五明王を、気性が荒く教化《きょうけ》しがたい者たちを叱咤《しった》するために五如来が忿怒の姿となって現れた教令輪《きょうりょうりん》と考え、これらを「三輪身《さんりんじん》説」に基づく造像であるとする解釈もある。

しかし大師は、いずれの著作においても自性輪、正法輪、教令輪という用語を用いていない。また、五如来、五菩薩、五明王の対応関係を説き、三輪身説の典拠となった『摂無礙経《しょうむげきょう》』は、大師の帰国より一世紀以上遅れて日本にもたらされたという事実がある。

よって、講堂安置の諸尊を、ただちに三輪身説に結びつけることはできないが、大師がその思想に先駆けて、五如来、五菩薩、五明王を組み合わせ、仏像に彫刻して配列したことは、注目すべきことである。

『仁王経』と仁王会

『仁王経』は、正式には『仁王般若波羅蜜経《にんのうはんにゃはらみつきょう》』といい、『法華経《ほけきょう》』の漢訳者としても有名な鳩摩羅什《くまらじゅう》が訳出したと伝えられている。しかし実際には、中国で創作された「偽経《ぎきょう》」の一つである。

『仁王経』には、国王がこの経典を保持することによって、国土と人民に平安がもたらされると説かれており、中国や日本では、『金光明経《こんこうみょうきょう》』、『法華経』とともに「護国三部経」として重視された。『仁王経』を講義し、その内容を讃えて鎮護国家を祈る仁王会《にんのうえ》の法要は、日本においては斉明《さいめい》天皇の六(六六〇)年に始められたといわれ、旱魃《かんばつ》や時疫《じえき》に臨んでしばしば開催された。

修法《しゅほう》の力による護国を謳って密教を唐王朝に定着させた不空三蔵は、重訳《ちょうやく》(訳し直し)という形式を取りつつ、既存の旧訳《くやく》『仁王経』の内容を改変して、密教の要素を多分に盛り込んだ新《しん》訳《やく》『仁王経』を撰述し、さらに、『仁王経』を実践法に結びつけた、前述の『仁王念誦儀軌』を編纂した。それらを本格的に日本に紹介したのが、大師である。

『仁王念誦儀軌』に則って実践される修法は、仁王経法《にんのうきょうぼう》と呼ばれる。唐から帰国後、筑紫《つくし》での待機を経てようやく京都の高雄《たかお》山寺《さんじ》に入った大師が、いち早く仁王経法を修したであろうことが、「国家の奉為《おんため》に修法せんと請《こ》う表」(『性霊集』巻第四)から推測される。そして鎌倉時代になると、東寺の講堂に安置された明王たちの像の前で仁王経法が修せられるようになったといわれている。

五大力菩薩の画像　『紀伊続風土記《きいしょくふどき》』によれば、天長三(八二六)年に、大師によって高野山麓の慈尊院《じそんいん》において仁王会が開催され、そのときに本尊として描かれた旧訳『仁王経』に基づく五大力菩薩《ごだいりきぼさつ》の画像が、天仁元(一一〇八)年に高野山上に移されたとされる。高野山の北室院《きたむろいん》に伝わる、国の重要文化財に指定された五大力菩薩像は、その本尊画像の模本であると考えられており、諸尊の身色《しんじき》などには新訳『仁王経』の影響が見られる。

五大力菩薩像(北室院)

また高野山には、五大力菩薩のうち、金剛吼《こんごうく》、龍王吼《りゅうおうく》、無畏十力吼《むいじゅうりきく》の各菩薩を描いた三鋪《ほ》の彩色仏画が伝わっており、国宝に指定されている。これらは、東寺にあったものを、豊臣秀吉が高野山に納めたとされる五鋪一組の画像の一部で、大師の作と語り継がれている。無量力吼《むりょうりきく》と雷電《らいでん》吼《く》の二菩薩像は、明治二十一(一八八八)年の大火で焼失してしまったが、高野山で最も古い仏画であり、十八の寺院が共同で所蔵している。

　その他、高野山の普賢院《ふげんいん》には、建久八(一一九七)年に描かれた白描の五大力菩薩像五鋪が伝存する。国宝の三鋪と同じく縦三メートルを超える巨大な仏画であり、見る者を圧倒する。

　高野山では、五大明王より、旧訳『仁王経』に基づく五大力菩薩を重視する伝統があったようである。

高野山金堂の仏像群

　東寺の講堂のみならず、昭和元(一九二六)年に失火によって焼失した高野山の金《こん》堂《どう》(講堂)にも、大師の時代に造像されたとされる七体からなる仏像群が安置されていた。

　本尊で秘仏の阿閦如来《あしゅくにょらい》像を中心に、向かって右に金剛薩埵《こんごうさった》、不動明王《ふどうみょうおう》、普賢延命菩薩《ふげんえんめいぼさつ》、向かって左に金剛王菩薩《こんごうおうぼさつ》、降三世明王《ごうざんぜみょうおう》、虚空蔵菩薩《こくうぞうぼさつ》の像を配するという独特の構成を示し、現在の金堂には、これら七体を模刻した復元像が安置されている。

　脇侍の四菩薩像は本来、金剛界曼荼羅において阿閦如来の四方に坐す四親近《ししんごん》の金剛薩埵、金剛王菩薩、金剛愛菩薩《こんごうあいぼさつ》、金剛喜菩薩《こんごうきぼさつ》の四尊であったが、二体が失われたため、他の堂宇《どうう》に祀られていた虚空蔵と普賢延命の二菩薩像が、客仏として迎えられたのではないかと推測する意見もある。

5　大師の書

大師と芸術を語るうえで欠かすことができないのが、書である。大師は、嵯峨天皇、橘逸勢《たちばなのはやなり》とともに「平安の三筆《さんぴつ》」に数えられるほどの能筆であった。

平安の三筆

「余《われ》少年の時、数数《しばしば》古人の遺跡に臨み」（『高野雑筆集《こうやざっぴつしゅう》』巻下「藤原某太守宛の書簡」）とみずから述べているように、大師は大学《だいがく》在籍時、あるいはそれ以前からすでに、手本に習って文字を書く臨書《りんしょ》に精励していたものと思われ、大師が二十四歳のときにしたためたとされる自筆本の『聾《ろう》瞽指帰《こしいき》』には、書聖《しょせい》と崇められる、東晋《とうしん》の王羲之《おうぎし》の書法が反映されているといわれる。

在唐中の大師は、求法《ぐほう》の傍ら、書に関する情報も盛んに収集している。著名な書家の墨跡《ぼくせき》を集めるとともに、「余《われ》、海西《かいせい》に於いて頗《すこぶ》る骨法《こっぽう》を閑《なら》えり」〈私は中国において少しながら筆法を習いました〉（『性霊集《しょうりょうしゅう》』巻第四「劉廷芝《りゅうていし》が集を書して奉献する表」）と報告しているように、墨客《ぼっかく》を訪ねては書法を学んだものと思われる。

帰国後の大師は、それらの成果を嵯峨天皇に対して惜しみなく披露し、唐風の文化に並々ならぬ関心を示していた天皇はそれを喜んだ。大師が唐で入手し、嵯峨天皇に献上した書の作品の中の主なものを挙げれば、徳宗《とくそう》皇帝の真跡《しんせき》一巻、欧陽詢《おうようじゅん》の真跡一首、張誼《ちょうぎ》の真跡一巻、大王《だいおう》（王羲之）の諸舎帖《しょしゃのちょう》一首、徐侍郎《じょじろう》（徐浩《じょこう》）の宝林寺詩《ほうりんじのし》一巻、李邕《りよう》の真跡屏風書一帖、王右軍《おうゆうぐん》（王羲之）の蘭亭碑《らんていのひ》一巻などである。

大師が、蔡邕《さいよう》の『筆論《ひつろん》』や孫過庭《そんかてい》の『書譜《しょふ》』などの書論に親しみ、正統派の書法に精通していたことは明らかであるが、一方で大師は、刷毛《はけ》書きのような飛白体《ひはくたい》をはじめ、さまざまな雑《ざっ》体書《たいしょ》を本邦に紹介している。大師が舶載《はくさい》した『古今文字讃《ここんもじさん》』、『古今篆隷文体《ここんてんれいぶんたい》』には、まるで絵画のような、ユニークで創造性に富む数々の書体が掲載されている。

大師が日本の書道史のうえで果たした役割は大きく、大師の書風は大師流と呼ばれ、江戸時代初期に活躍した書家、藤木敦直《ふじきあつなお》によって大成された。

さておき、『続日本後紀《しょくにほんこうき》』の「空海卒伝《そつでん》」には「書法に在《あ》りては、最も其《そ》の妙を得《う》。張芝《ちょうし》と名を斉《ひと》しくし、草聖《そうせい》と称せらる」〈書の技術においては、特にすばらしい腕前であった。草書を能《よ》くした後漢の張芝と同じように、「草聖」と呼ばれた〉と記録されており、大師は特に草書を

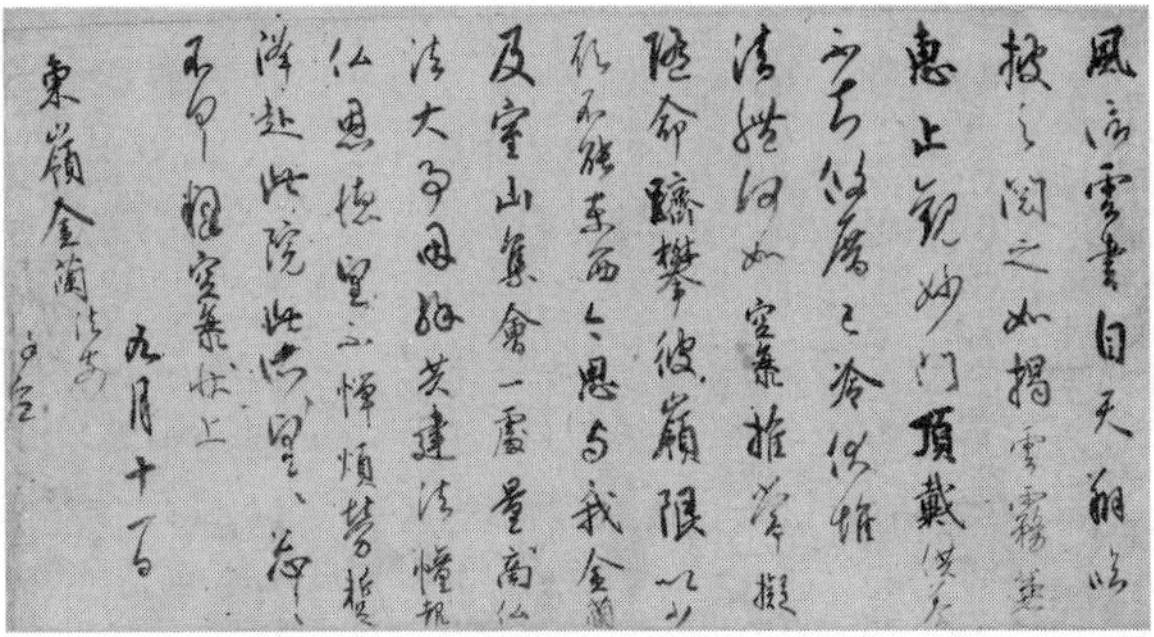

風信帖(東寺)

得意としたようである。

大師の真跡　現存する大師の真跡(肉筆の文字)について紹介しておこう。

国宝に指定されている『聾瞽指帰』二巻(第五章扉写真)は、巻末に延暦十六(七九七)年に筆記されたことが記されている。全長が二二メートルに及ぶ巻子本《かんすぼん》で、全文は八百三十四行、およそ一万八千字からなる。夢窓疎石《むそうそせき》(一二七五～一三五一)が大覚寺《だいかくじ》の寛尊法親王《かんそんほっしんのう》から拝領し、西芳寺《さいほうじ》と仁和寺《にんなじ》を経て、高野山の御影堂《みえどう》に納められた。なお、書き間違いが多いなどの理由から、大師の真筆であることを疑う意見もある。

「灌頂暦名《かんじょうれきめい》」(第一章の3参照、二五ページ写真)は、弘仁三(八一二)年から翌年にかけて高雄山寺《たかおさんじ》(神護寺《じんごじ》)で開かれた三度の灌頂に入壇《にゅうだん》した受者《じゅしゃ》の名と、それぞれの受者が結縁《けちえん》した仏や菩薩の名を記したメモであり、「灌頂記」ともいう。筆頭に最澄《さいちょう》の名が見える。なお、三度目の灌頂の記録は、別人の筆であると考えられている。現在、神護寺所蔵の国宝である。

前ページ写真の「風信帖《ふうしんじょう》」は、最もよく知られた大師の真跡である。大師が最澄に宛てた三通の手紙「風信帖」、「忽披《こつひ》帖《じょう》」、「忽恵帖《こつけいじょう》」に対する総称であり、一通目が「風信雲書」の文言で始まるのでそのように呼ばれる。当初は五通あったが、一通は盗難に遭い、一通は豊臣秀次の手に渡ったといわれる。東寺にあり、「弘法大師筆尺牘《せきとく》三通」の名称で国宝に指定されている。「三十帖策子《さんじゅうじょうさくし》」は、唐からの帰国に際して、青龍寺《しょうりゅうじ》の同門たちの助力の下に書写された経典や儀軌の集成である。携帯に便利な小さなサイズの折本《おりほん》(冊子)で、大師以外に、写経生たちや橘逸勢の筆跡も混じっている。

当初は東寺にあったが、真然《しんぜん》が借り受けて、高野山に持ち帰った。その後、紆余曲折《うよきょくせつ》を経て、東寺と高野山でその所属を巡って争いとなり、観賢《かんげん》の朝廷への陳情をもって東寺に返還された。国宝で、現在は仁和寺の所蔵となっている。

その他、弘仁四(八一三)年に著された『金剛般若経開題《こんごうはんにゃきょうかいだい》』の草稿本の断簡が、奈良国立博物館、京都国立博物館、根津美術館に分蔵されている。

大和州益田池碑銘(釈迦文院)

醍醐寺《だいごじ》所蔵の「大日経開題《だいにちきょうかいだい》」と題された真跡は、『大日経疏《しょ》』の重要な箇所を抜書したもので、書き込みや訂正の跡も見られる。また同寺には、大師が嵯峨天皇に狸毛《たたげ》の筆を献上した際に添えられた「狸毛筆奉献表《りもうひつほうけんひょう》」が伝わっている(一六二ページ写真)。

以上、すべてが国宝の指定を受けている。

「崔子玉座右銘《さいしぎょくざゆうのめい》」は、後漢の崔瑗《さいえん》(崔子玉)が記した『座右銘』のうちの五言十二句を、草書で、一行二文字の体裁で書いたもので、過去に切りわけられて大半が散逸した。冒頭の「人《ひと》の短を道《い》う無《な》かれ　己《おのれ》の長を説く無かれ」の二句を記した部分が高野山の宝亀院《ほうきいん》に遺っており、国の重要文化財に指定されている。

東寺に伝わる国宝の真言七祖《しんごんしちそ》像《ぞう》の各画幅の上部には、飛白体を交えた書体で祖師名が揮毫《きごう》されており、インド出身の祖師たちの影《えい》に書き込まれた梵字や、草書で記された各祖師の行状文《ぎょうじょうもん》とともに大師の筆とされている(本章の2参照)。

高野山の釈迦文院《しゃかもんいん》が所蔵する国の重要文化財の「大和州益田池碑銘《やまとのくにますだいけひめい》」(前ページ写真)は、平安中期に写された模本であるが、大師の雑体書を知るうえで貴重な資料である。その原本は、奈良県橿原市《かしはら》にあった益田池が天長二(八二五)年に完成した際に大師が揮毫した碑銘であるが、それを刻んだ実際の石碑は、室町時代に築城の用材にされてしまったといわれる。

さて、書の達人としての大師にまつわるユニークな伝説も数多く伝えられており、

五筆和尚の伝説

枚挙に暇《いとま》がない。

「虚空書写《こくうしょしゃ》」は、大師が伊豆の桂谷山寺《けいこくさんじ》(現在の修禅寺《しゅぜんじ》)で修行中、空中に『大般若経《だいはんにゃきょう》』の「魔事品《まじほん》」を書きつけて魔物を退散させた話で、また「流水点字《りゅうすいてんじ》」は、唐の長安で文殊《もんじゅ》菩薩《ぼさつ》の化身である五髻童子《ごけいどうじ》と書の腕前を競い合い、虚空や水面に文字を書いた話である。「隔河書額《かくがしょがく》」は、河を隔てて対岸に掲げられた額に、大師が文字を書きつけたという伝説である。

また「皇嘉門額《こうかもんがく》」は、高名な書家の小野道風《おののみちかぜ》が、平安京の南の美福《びふく》、朱雀《すざく》、皇嘉《こうか》の三つの門の額に大師が書いた文字を誹謗したところ、中風《ちゅうぶ》を患う難を受けたため、のちに額の字を書き改めることになった藤原行成《ふじわらのゆきなり》が、東寺の灌頂院《かんじょういん》に参詣して大師の許可を求めたという話である。

ここでは、最も有名な「五筆和尚《ごひつわじょう》」の伝説を紹介しておこう。

唐の宮中の壁に王羲之の墨跡があったが、破損してしまった。壁は修理されたが、その後、誰もがはばかって筆を下す者がいなかった。

そこで順宗《じゅんそう》皇帝が大師を召して揮毫させたところ、大師は両手、両足、口に五本の筆を執り、五行を一度に書き上げたという。皇帝は大師を「五筆和尚」と呼んで賞賛し、菩提樹《ぼだいじゅ》の実でできた念珠を下賜《かし》したという。その念珠に相当するとされる「菩提子念珠《ぼだいし》」が東寺に伝わっている。

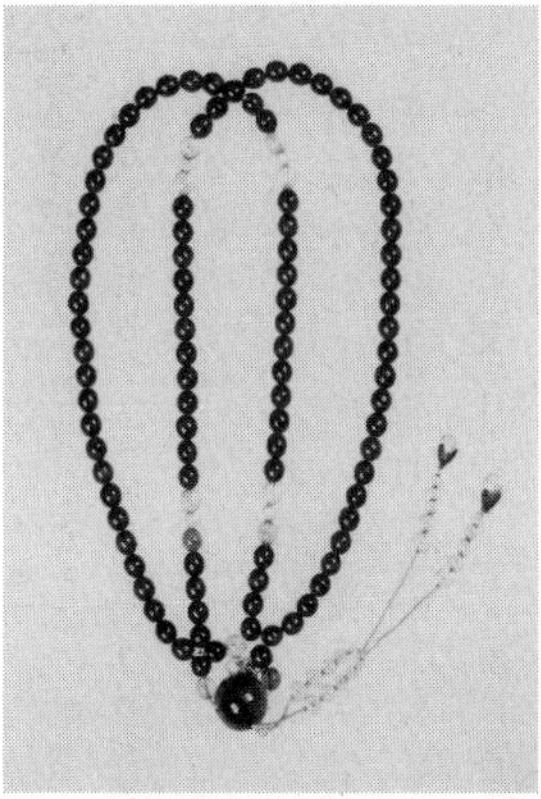

菩提子念珠(東寺)

『金剛峯寺修行縁起《こんごうぶじしゅぎょうえんぎ》』などに紹介されるこの話が、潤色された物語であることは明らかであるが、仁寿三(八五三)年に福州の開元寺《かいげんじ》を訪ねた智証大師円珍《ちしょうだいしえんちん》は、寺主の恵灌《えかん》から「五筆和尚、在《あ》りや無《な》しや」〈五筆和尚はお元気ですか〉と尋ねられたという。五筆和尚が大師であることを察した円珍が「亡化《ぼうけ》せらる」〈お亡くなりになった〉と答えると、恵灌は胸を

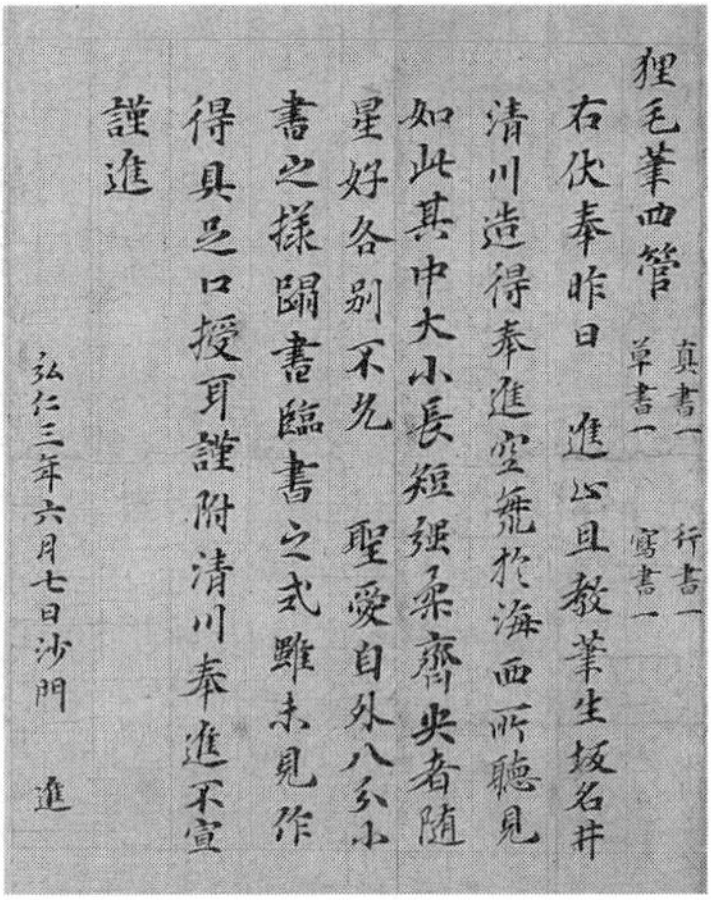

狸毛筆四管　真書一　行書一　草書一　写書一
右伏奉昨日　進止且教筆生坂名井
清川造得奉進空海於海西所聴見
如此其中大小長短強柔斉尖者随
星好各別不允　聖愛自外八分小
書之様踊書臨書之式雖未見作
得具足口授耳謹附清川奉進不宣
謹進
弘仁三年六月七日沙門　進

狸毛筆奉献表（醍醐寺）

叩いて悲嘆したという。大師が能筆としてその名を唐の巷《ちまた》にとどろかせていたことは、あながち虚構ではなかったかもしれない。

二つの諺

大師がたぐいまれな書の達人であったことは、広く日本人の間に知られていて、それにまつわる諺《ことわざ》も生み出された。

誰もが知る「弘法にも筆の誤り」の諺には、その起源となった一つの逸話が伝わっている。

平安京に遷都されて間もなくのこと、即位したばかりの嵯峨天皇の勅命に従い、大師は応天門《おうてんもん》の額の字を揮毫した。しかし、門の上に額を設置したところ、誤って「応（應）」の文字の点を一つ書き落としてしまっていた。そこから、「どんな名人にでも失敗はある」という意味のこの諺ができ上がったとされる。ただし、大師は筆を高く投げ上げて、掲げられた額に見事に点を補い、見物の人々から拍手喝采を博したという。

「真の名人は道具の良し悪しを問わない」という意味で用いられる「弘法筆を択《えら》ばず」も、有名な諺である。けれども実際には、大師は書体に応じて、慎重に筆を吟味していたようだ。

大師が皇太子時代の淳和《じゅんな》天皇に筆を贈ったときの書状（『性霊集』巻第四「春宮《とうぐう》に筆を献ずる啓《けい》」）には、「能書《のうしょ》は必ず好筆《こうひつ》を用う」〈能書家は必ずよい筆を用いる〉、「臨池《りんち》、字に逐《したご》うて筆を変ず」〈文字を書くときには書体に応じて筆を使いわける〉と述べられている。

また大師は、弘仁三（八一二）年、唐で習得した技術を応用し、狸毛《たたげ》を使った真書（楷書）、行書、草書、写書（写経）のそれぞれの書体に用いる四種の筆を作って、嵯峨天皇に献上している。先にも述べたが、その際の上表文「狸毛筆奉献表《りもうひつほうけんひょう》」が醍醐寺に残されており、国宝に指定されている。

コラム4　大師の十号

古来、大師には十種の呼び名があるとされている。それを「大師の十号《じゅうごう》」という。

寛治三（一〇八九）年に経範法印《けいはんほういん》によって編まれた『大師御行状集記《だいしごぎょうじょうしゅうき》』によれば、村上《むらかみ》天皇からの「弘法大師の名は多いが、どれほどの名があるのか」という勅問に答え、寛朝僧正《かんちょうそうじょう》がこの十号を挙げたという。応和元(九六一)年のこととされる。

第一の呼び名は、幼名の「真魚《まお》」である。これは、延暦二十四(八〇五)年九月十一日付の太政官符《だじょうかんぷ》によっても確認できる。

第二の名は、「貴者《とうともの》」。大師の母は、インドの高僧が体内に入る夢を見て懐妊したと伝えられ、両親は、大師のことをこのように呼んで大切に育てたという。

幼少の大師は、泥で仏像を作ってはそれを礼拝して遊び、四天王《してんのう》に守護されている姿を目撃されるなどして、人々から「神童《しんどう》」と噂されたという。これが、第三の名である。

伝承によれば、十八歳で都の大学に入った大師は、やがて出奔し、仏道を志して近士《ごんじ》になったという。近士とは、不殺生《ふせっしょう》、不偸盗《ふちゅうとう》、不邪淫《ふじゃいん》、不妄語《ふもうご》、不飲酒《ふおんじゅ》の五戒を授かった在家信者のこと。そのころ、大師はみずからを「無空《むくう》」と名乗ったと伝えられる。これが第四の名である。

また、『御遺告《ごゆいごう》』の記述によれば、大師は二十歳で和泉《いずみ》の槇尾山寺《まきのおさんじ》で得度《とくど》し、「教海《きょうかい》」という僧名を授かったとされ、その後、みずから「如空《にょくう》」と改名したという。第五と第六の名である。

第七の名は、周知の「空海」。東大寺の戒壇院《かいだんいん》で具足戒《ぐそくかい》を受け、正式な僧侶となったときに得た名前である。

第八の名は、「五筆和尚《ごひつわじょう》」。大師は、唐の皇帝の勅命によって宮中の壁に書を揮毫《きごう》したといわれ、皇帝は達筆の大師をこのように呼んで賞賛したという。

第九の名は、灌頂名《かんじょうみょう》の「遍照金剛《へんじょうこんごう》」。

第十の「弘法大師」は、観賢僧正《かんげんそうじょう》の上奏《じょうそう》によって醍醐天皇から授与された贈り名である。なお観賢僧正は当初、「本覚大師《ほんがく》」という号を希望していたといわれている。

第五章　著作を読む

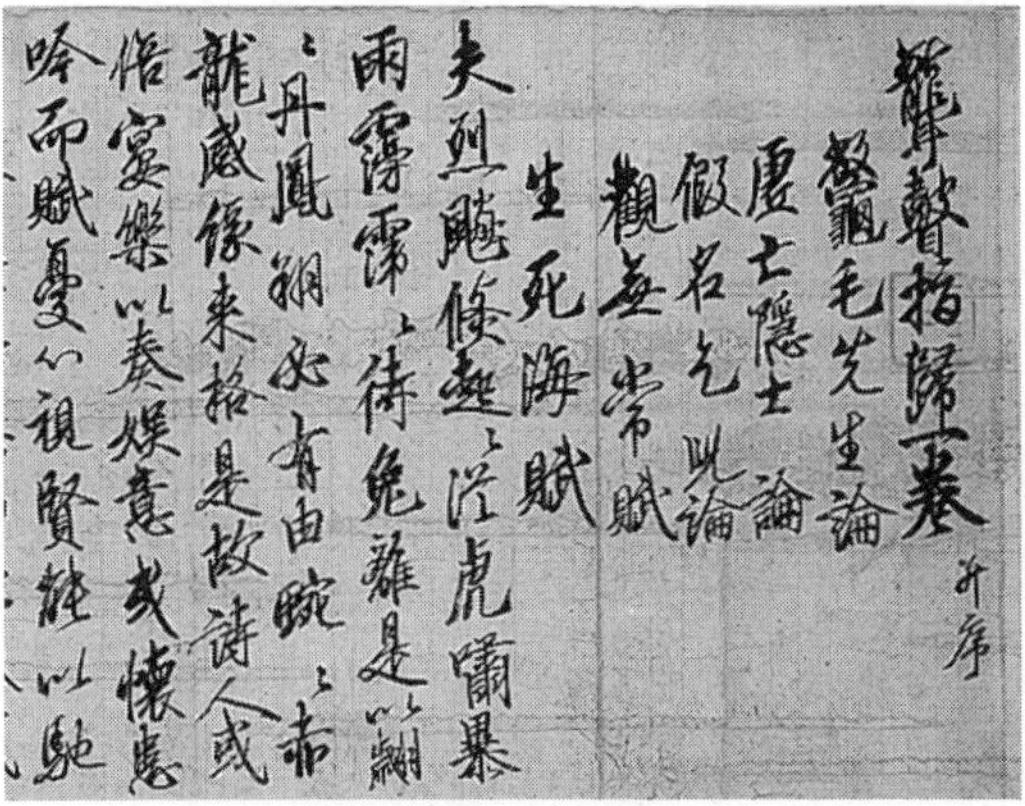
聾瞽指歸一巻　并序
龜毛先生論
虚亡隠士論
假名乞児論
觀無常賦
生死海賦

聾瞽指帰（金剛峯寺）

1　大師の主要著作

八宗の宗論

高野山の善集院《ぜんじゅういん》という寺に、「八宗論大日如来像《はっしゅうろんだいにちにょらいぞう》」（重文）と呼ばれる鎌倉時代の仏画が伝わっている。中央に、右手で左手の人差指を握った智拳印《ちけんいん》を結んだ大日如来の姿が大きく描かれ、その上部には、雲中に浮かぶ七つの宝珠《ほうじゅ》（宝石の玉）が配されている。

この仏画は、嵯峨《さが》天皇の御前で、大師が奈良仏教を代表する三論《さんろん》、法相《ほっそう》、華厳《けごん》、律《りつ》、成実《じょうじつ》、倶舎《くしゃ》の六つの宗（南都六宗《なんとりくしゅう》）に天台宗《てんだいしゅう》を加えた七宗の学僧たちと論議した際、真言密教の中心教義である「即身成仏《そくしんじょうぶつ》」を実証して見せた場面を描いたものであるという。大師が手に智拳印を結び、口に真言《しんごん》を唱え、心に観念《かんねん》を凝らすと、たちまち大師の身体はまばゆい光明を放ち、大日如来の姿に変じたと伝えられている。画面の上部に描かれた七つの宝珠は、七宗の碩学《せきがく》たちを表現したものである。

このエピソードは、「八宗《はっしゅう》の宗論《しゅうろん》」もしくは「清涼殿《せいりょうでん》の宗論」と呼ばれ、康保五（九六八）年成立の『金剛峯寺建立修行縁起《こんごうぶじこんりゅうしゅぎょうえんぎ》』をはじめとする大師の伝記類のほか、『水鏡《みずかがみ》』や『平家物語』

といった文学作品にも紹介されている。弘仁四(八一三)年の正月十四日に、嵯峨天皇が十一人の学僧を宮中に招いて論議を聴聞《ちょうもん》したという『日本後紀《にほんこうき》』の記録に脚色を加えて成立したものと思われるが、弘仁元(八一〇)年の出来事とする書物もある。

大師が活躍した奈良から平安初期の時代において、「宗」とは、有力寺院ごとに形成された僧侶たちの学問研究集団であった。そして、それぞれの宗が独自の教義を主張し、互いにその正統性を巡って論争を繰り広げた。最も顕著な例が、「一切皆空《いっさいかいくう》」を説く三論宗と、「万法唯識《ばんぽうゆいしき》」を説く法相宗の間に起こった「空有論諍《くううろんじょう》」である。

八宗論大日如来像(善集院)

大師は、南都の学僧たちと融和の姿勢を保ったといわれるが、新鋭の真言密教に対して、多くの質疑や批判が寄せられたことは想像に難くない。実際に、法相宗の徳一《とくいつ》は、真言密教に関する疑義を十一条にまとめた『真言宗未決文《しんごんしゅうみけつもん》』を著して大師に回答を求めている（コラム3参照）。一方で大師も、真言密教を一つの宗として独立させるため、その教義を他宗に向けて発信し、広く浸透させる必要があった。大師の主要な著作の多くは、そのような事情を反映して撰述《せんじゅつ》されている。

十巻章　真言宗では近世以降、大師の主要著作である『即身成仏義《そくしんじょうぶつぎ》』一巻、『声字実相義《しょうじじっそうぎ》』一巻、『吽字義《うんじぎ》』一巻、『弁顕密二教論《べんけんみつにきょうろん》』二巻、『秘蔵宝鑰《ひぞうほうやく》』三巻、『般若心経秘鍵《はんにゃしんぎょうひけん》』一巻に、龍猛《りゅうみょう》菩薩《ぼさつ》の作とされる『菩提心論《ぼだいしんろん》』一巻を加えて合本としたものを「十巻章《じっかんじょう》」と称し、それを用いて宗学《しゅうがく》を修める習いとなっている。「十巻章」では、一文字ごとに四声点《ししょうてん》と呼ばれるアクセントを示す記号が付されており、声に出して唱える「素読《そどく》」が重要視されている。高野山では、若い僧侶はまず師僧から素読の訓練を受け、暗誦に努める。

筆者がかつて学び、現在は教鞭を執っている高野山大学では、新入生のみなに「十巻章」が配布され、『即身成仏義』から読み始める習いとなっている。入学時に真っ白だった一冊が、卒業のころには書き込みで真っ黒になっていて、それは、真言宗の僧侶としての一生の宝となる。

ただ不思議にも、「十巻章」に収められた大師の主著の中で、撰述年代が判明しているものは、皆無に近い。そういった点で、大師の著作の多くは、謎を秘めている。

しかし、他宗との交流の経緯や、大師自身の思想の変遷などを辿《たど》ると、大師の著作の動向は、大きく三つの時期にわけることができる。

著作の三つの時期

第一は、始動期。高雄《たかお》での灌頂《かんじょう》の開壇《かいだん》や嵯峨天皇との親交によって、一定の社会的承認を得た大師は、弘仁六(八一五)年の春のころより、「諸々《もろもろ》の有縁《うえん》の衆を勧めて秘密の宝蔵を写し奉るべき文《もん》」(『性霊集《しょうりょうしゅう》』巻第九)、いわゆる「勧縁疏《かんえんのしょ》」を畿内の諸大寺をはじめ各地の有縁者に送って密教経典の書写を勧進《かんじん》し、本格的な真言密教の宣布《せんぷ》に着手した。そのころに著されたのが、『弁顕密二教論』と『秘密曼荼羅教付法伝《ひみつまんだらきょうふほうでん》』であり、これらは、大師が新たに日本に伝えた密教について、その優位性や正統性を外部に向けて発信するために執筆された。なお、帰朝直後に著された『請来目録《しょうらいもくろく》』にも、すでに同様の著作意図が見受けられる。

第二は、高野山を下賜《かし》された弘仁七(八一六)年よりのち、東寺の造営にかかわるようになった同十四(八二三)年ごろにかけての期間で、弟子の集団ができあがり、密教の教学が確立された、定着期ともいえる時期である。

この時期に大師は、三部書《さんぶしょ》と呼ばれる『即身成仏義』、『声字実相義』、『吽字義』を著した。

これら三部書は、主に法相宗と三論宗の学僧たちを意識して執筆されたといわれているが、講義録としての性格もある。真言宗の伝統的な説では、『即身成仏義』が大日如来の身密《しんみつ》（身体活動）、『声字実相義』が語密《ごみつ》（言語活動）、『吽字義』が心密《しんみつ》（精神活動）を説き明かした書物であるとされている。

第三は、完結期であって、天長七（八三〇）年から承和元（八三四）年にかけての、大師の晩年にあたる時期である。

淳和《じゅんな》天皇の勅に応えて著した『秘密曼荼羅《ひみつまんだら》十住心論《じゅうじゅうしんろん》』十巻とそれを要約した『秘蔵宝鑰』、そして『般若心経秘鍵』などが、この期間に著された。これらの著作では、華厳、天台、三論、法相の四家大乗《しけだいじょう》から、小乗や、インドや中国の諸宗教に至るまでもが総合的に論じられ、それらを密教の中に包摂しようと試みられている。大師が構築してきた独自の密教思想の、総仕上げといってよい。

全集の刊行

大師の著作は、「十巻章」に含まれるような教義書に限ったものではない。『文《ぶん》鏡秘府《きょうひふ》論《ろん》』は、漢詩文を作る際の手引書であり、『篆隷万象名義《てんれいばんしょうめいぎ》』は、日本に現存する最古の字書である。『梵字《ぼんじ》悉曇字《しったんじ》母《も》並《ならびに》釈義《しゃくぎ》』は、サンスクリット語の母音と子音のすべての文字の解説書である。これらの多岐にわたる著作は、大師の博学ぶりを物語っている。また、数多く遺された大師の書簡や漢詩文は、入定《にゅうじょう》のち、弟子たちによって『性霊集《しょうりょうしゅう》』や『高野雑筆集《こうやざっぴつしゅう》』などにまとめられた。

そのほかにも、『請来目録《しょうらいもくろく》』や『三教指帰《さんごうしいき》』、さまざまな経典の題目を密教の立場で解説した「開題《かいだい》」の類など、広汎《こうはん》な著作がある。

明治時代には、長谷宝秀《はせほうしゅう》師が中心となって『弘法大師全集』（祖風宣揚会編）が編纂されたが、その分量は五輯十五巻にのぼる。しかし、大師の著作といわれる文献の中に、実はのちの時代に成立した偽作が多いことも事実である。この全集には、そういった後世の作も多分に収録されている。

そこで、最新の研究成果に基づいて大師真作の文献を選定し、参照し得る限りの古写本を用いて文字の照合がなされた『定本弘法大師全集』全十巻（弘法大師著作研究会編）が、平成三（一九九一）年から同九（一九九七）年にかけて刊行された。近年、この全集の電子版も出版されている。

2　顕教と密教の違い――『弁顕密二教論』

教判の書

『弁顕密二教論《べんけんみつにきょうろん》』は、密教と顕教《けんぎょう》（一般の大乗仏教を中心とする密教以外の教え）を比較した、教判《きょうはん》の書である。教判とは、「教相判釈《きょうそうはんじゃく》」の略で、自宗と他宗の教義を対比して優劣を判ずることをいい、中国仏教にその起源がある。大師による顕密の比較は、帰国直後に朝廷に提出した『請来目録』や、先述の「勧縁疏」にも見られるが、大師がはじめて密教の特質と優位性を総合的に論じたのは、この著作においてであった。

『弁顕密二教論』のテキストは、序文と本論から構成され、本論の部分は、著述の趣旨を問答形式で表明する「問答決疑《もんどうけつぎ》」、経典や論書《ろんじょ》、他宗の祖師たちの著作から文言を引用し、みずからが主張する教義に照らし合わせて解釈を加える「引証喩釈《いんじょうゆしゃく》」、論のまとめに相当する「顕《けん》密分斉《みつぶんざい》」の三つにわけることができる。

法身が説く

古来、『弁顕密二教論』における論点は、「能説《のうせつ》の仏身《ぶっしん》」、「所説《しょせつ》の教法《きょうほう》」、「成仏《じょうぶつ》の遅速《ちそく》」、「教益《きょうやく》の勝劣《しょうれつ》」の四つにあるといわれている。ただし主眼は、顕教と密教はそれぞれどのような仏が説いたかという「能説の仏身」に置かれており、それにかかわる議論に多くの紙幅が費やされている。

釈尊《しゃくそん》の入滅《にゅうめつ》後、仏教では、釈尊の物質的な身体を色身《しきしん》とし、時間や空間に制限されることなく、真理そのものとして常に存在し続けている如来《にょらい》の身体を法身《ほっしん》とする、二身説がおこなわれた。そして大乗仏教の時代になると、色身が応身《おうじん》と報身《ほうじん》にわけられ、三身説が一般的となる。

応身は、釈尊のように生身の身体をもって娑婆《しゃば》世界に現れて衆生《しゅじょう》を教化《きょうけ》する仏である。応化《おうけ》身《しん》ともいう。一方、報身は、輪廻転生《りんねてんしょう》を繰り返しながら修行を重ね、無量の功徳《くどく》を積んだ果報として獲得される不滅の身体をもった仏である。

報身には、悟った法の楽しみをみずから享受する自《じ》受用身《じゅゆうじん》と、他に享受させる他《た》受用身《じゅゆうじん》があり、常に大乗の教えのみを説き、その説法は高位の菩薩《ぼさつ》のみが聞くことができると考えられた。阿弥陀《あみだ》如来《にょらい》や薬師《やくし》如来《にょらい》が、報身の代表である。

『弁顕密二教論』において大師は、顕教は応身あるいは報身が聴衆の能力に応じて限定的に説いた教えであるが、密教では、法身が直接、悟りの境地そのものを説くと定義する（法身説法）。また顕教では、法身が説法することは一般にありえないこととされているが、大師は、大乗経典の『入楞伽経《にゅうりょうがきょう》』や、密教文献の『五秘密儀軌《ごひみつぎき》』、『分別聖位法門《ふんべつしょういほうもん》』などの文言を引き合いに出して、それが可能であることを論証した。

密教の特色

続いて、先に挙げた「所説の教法」とは、悟りの境地を表現できるかできないかという議論である。顕教において言語道断《ごんごどうだん》、果分不可説《かぶんふかせつ》などといわれ、言葉で説明することが不可能であるとされている悟りの境地を、密教では、象徴をもって表現することが可能であるとする。大師は、主に『釈摩訶衍論《しゃくまかえんろん》』の説を援用して、真理の世界を表現できることを証明する。『釈摩訶衍論』は、中国あるいは朝鮮半島で成立したとされる、『大乗起信論《だいじょうきしんろん》』に対する注釈書であるが、大師はことのほかこの論書を重視した。

「成仏の遅速」とは、成仏までにどれほどの時間を要するかという議論で、大師は、この身このままで即座に成仏できるとする、「即身成仏《そくしんじょうぶつ》」の理論を展開した。ただし、『弁顕密二教論』におけるその解説はごく簡単で、別に『即身成仏義《そくしんじょうぶつぎ》』を著して詳しく論述している。

「教益の勝劣」とは、修行によって得られる結果の優劣に関する比較で、大師が唐で梵語《ぼんご》の手ほどきを受けた般若三蔵《はんにゃさんぞう》が訳した『大乗理趣六波羅蜜経《だいじょうりしゅろくはらみつきょう》』の文章を引用して、密教を学ぶことによって得られる功徳のすばらしさが、乳製品の中で最も美味な醍醐《だいご》にたとえて示される。

醍醐とは、牛乳を精製していって最後に得られるチーズやバターの類をいう。

小乗や一般の大乗の教えは、教えを聞く者の素質に応じて段階を設けて説かれたものであるが、密教の教えは完全で、どんな者でも受持《じゅじ》することができ、それを実践すれば罪障《ざいしょう》が消滅し、速やかに悟りの世界に入ることができるという。

二種の秘密　インドの大乗仏教が最も発展した形態である密教は、秘密仏教とも称される。それではいったい、何が秘密なのか。その一つの答えが、『弁顕密二教論』の掉尾《ちょうび》を飾る「顕密分斉《けんみつぶんざい》」の部分に述べられている。

大師の解説によれば、秘密には、「衆生秘密《しゅじょうひみつ》」と「如来秘密《にょらいひみつ》」の二種があるという。

衆生秘密とは、一人ひとりの人間（衆生）には本来、仏としての性質が具《そな》わっているが、無知や妄想《もうぞう》によってそのことに気づかず、本性《ほんしょう》としての悟りが覆い隠されてしまっていることをいう。よって、それは「衆生の自秘《じひ》」とも呼ばれる。そして、心の目を開いて、自分が仏と変わらない存在であるという、その秘密に気づくための教えが、密教なのである。

一方、法身の説法は、正しい師に従って伝授を受け、密教の修行を積んだ者だけにしか聞くことができない。その秘匿性《ひとくせい》を如来秘密という。また密教では、現実の世界を法身の現れと見てそのまま肯定するため、ともすれば、戒律の無視、極端な快楽主義への傾倒など、誤解や弊害を生じる恐れがある。よって密教の教理や実践法は、十分な準備を重ねて阿闍梨《あじゃり》の認可を受けた者以外には原則として非公開とされ、秘密裏に伝授される。これも、如来秘密の一面である。

なお大師は、小乗や一般の大乗よりも優れた教えであるという意味を込めて、密教のことを「金剛乗《こんごうじょう》」の名で呼ぶことがある。これは、新請来《しんしょうらい》の経典や儀軌などにある用例に倣ったものと思われるが、密教の歴史の中で「金剛乗」といえば、『金剛頂経《こんごうちょうきょう》』系の密教の発展形態である八世紀以降のインドの密教を指すのがふつうである。ただし、その伝統は中国や日本へはほとんど伝播しなかった。当然、大師がそのような後世の密教を知っていたわけではない。

ちなみに、インドやチベットでは、密教を表す言葉として「真言乗《しんごんじょう》（マントラヤーナ）」が用いられる。それに対して、一般の大乗仏教は「波羅蜜乗《はらみつじょう》（パーラミターヤーナ）」と称される。

3　生きたまま仏となる――『即身成仏義』

一般の大乗仏教では、「三劫成仏《さんごうじょうぶつ》」といって、修行者が悟りを開いて仏の位に至るためには、輪廻転生を繰り返しながら、三大無数劫《さんだいむしゅこう》というとてつもなく長い時間をかけて修行を重ね、功徳を積む必要があると考えられた。「劫」とは時間の単位で、インドではカルパ(kalpa)という。その計測にはいくつかの方法があるが、一辺が四十里もある立方体の岩山を百年に一度だけ薄い布でぬぐい、その岩山が磨《す》り減ってなくなってしまっても一劫は終わらないとされる。

成仏への近道

それに対して密教では、瑜伽《ゆが》の実践法によって、父母から受けた生身のままで、即座に成仏することが可能であるとされる。これを、「即身成仏」という。その即身成仏が成り立つための理論を明かすのが、『即身成仏義《そくしんじょうぶつぎ》』である。なお、古い写本の中には、その標題を『即身成《そくしんじょう》仏品《ぶつほん》』とするものもある。

テキストの構成

『即身成仏義』のテキストは、三つの部分から構成される。

第一は、「二経一論八箇《にきょういちろんはっか》の証文《しょうもん》」と呼ばれる部分で、ここでは、『大日経《だいにちきょう》』と『金剛《こんごう》頂経《ちょうきょう》』(実際には『金剛頂経』系の複数の経典や儀軌《ぎき》)の二種の経典と、『菩提心論《ぼだいしんろん》』の一種の論書から、即身成仏説の根拠となる文言を八ヶ所にわたり引用して、その妥当性を論証する。『菩提心論』は、伝統的に龍猛菩薩《りゅうみょうぼさつ》の著作とされているが、不空三蔵《ふくうさんぞう》の門下、あるいは三蔵自身が撰述したという意見もあり、「即身成仏」という術語をはじめて用いた文献として注目に値する。

第二は、この著作の核心ともいえる部分で、「即身成仏とは何か」ということが、次に引用する二頌八句《にじゅはっく》の詩によってまとめられる。

六大無礙《ろくだいむげ》にして常《つね》に瑜伽《ゆが》なり　体《たい》
四種曼荼《ししゅまんだ》各《おのおの》離れず　相《そう》
三密加持《さんみつかじ》して速疾《そくしつ》に顕《あらわ》る　用《ゆう》
重重帝網《じゅうじゅうたいもう》なるを即身《そくしん》と名づく　無礙《むげ》
法然《ほうねん》に薩般若《さはんにゃ》を具足《ぐそく》して
心数心王《しんじゅしんのう》刹塵《せつじん》に過ぎたり
各《おのおの》五智《ごち》無際智《むさいち》を具《ぐ》す
円鏡力《えんきょうりき》の故《ゆえ》に実覚智《じっかくち》なり　成仏

そして第三は、二頌八句の詩の一つひとつの句の意味を解説した「釈文《しゃくもん》」の部分である。

真理そのものを身体とし、時間や空間を超えて存在する法身仏《ほっしんぶつ》の大日如来《だいにちにょらい》には、二つの側面がある。一つは、法界《ほうかい》という大宇宙を身体とし、森羅万象を包摂する、客体としての大日如来であり、大師よりのちの時代の真言教学では「理法身《りほっしん》」と呼ばれる。もう一つは、われわれの心の中に本来的に存在する、主体としての大日如来であり、「智法身《ちほっしん》」と称される。

六大無礙

二頌八句のうちの前半の一頌四句では、マクロコスモスとしての理法身と、智法身を内包する、ミクロコスモスとしての修行者の身体との関係性が、体《たい》(本質)、相《そう》(様相)、用《ゆう》(作用)の三つの観点から示される。ただし詩の各句に付された、体、相、用、無礙、成仏の文字は、後世の書き込みである。

第一句「六大無礙にして常に瑜伽なり」の「六大」とは、地《じ》、水《すい》、火《か》、風《ふう》、空《くう》の五大に、識《しき》大《だい》を加えた、法界を構成する六つの存在要素である。五大は、物質であり、客体である。対して識大は、それらを認識する精神であり、主体である。そのような六つの要素が主客の対立を超えて、互いに妨げず(「無礙《むげ》」)、不断に調和し合うこと(「瑜伽《ゆが》」)によって、真実なる世界は成り立っているという。

さらに、大師の釈文によれば、法界全体としての法身と、自分自身を含めた個々別々の存在は、いずれも六大から構成されているので本質的に同一であり、それぞれが相対するものではなく、融和し合っているという。

四種曼荼羅

第二句にある「四種曼荼」とは、大曼荼羅《だいまんだら》、三昧耶曼荼羅《さんまやまんだら》、法曼荼羅《ほうまんだら》、羯磨曼荼羅《かつままんだら》の四種の曼荼羅を指す。法身は、これら四つの様相をもって現実に現れているという。しかし、それらは別々にわかれているのではなく、「不離《ふり》」の関係にある。

四種の曼荼羅の名称は『金剛頂経』を典拠とするが、大師はさらに『大日経』に説かれる形《ぎょう》、印《いん》、字《じ》の三種の曼荼羅の形式を重ね合わせて、それらを解説している。

大曼荼羅は、森羅万象がそれぞれの姿をもって現れた世界である。三昧耶曼荼羅は、精神や特質の世界、法曼荼羅は、音や言葉の世界である。そして羯磨曼荼羅は、それら三種の曼荼羅が一つに結びついて実際に作用している、現実の世界をいう。

これらの曼荼羅を、象徴的に絵画の曼荼羅として表現する場合、大曼荼羅は仏や菩薩の姿(尊形《そんぎょう》)の配列によって描き(=形曼荼羅)、三昧耶曼荼羅では、それらを三昧耶形《さんまやぎょう》といわれる蓮《れん》華《げ》や金剛杵《こんごうしょ》などの各自のシンボルに置き換えて描き(=印曼荼羅)、法曼荼羅では、種子《しゅじ》と呼ばれる梵字によって諸尊を描く（＝字曼荼羅）。そして大師の説明に従えば、羯磨曼荼羅は、三次元の仏像を配置した、いわゆる立体曼荼羅をもって表現される。

三密加持

　第三句にある「三密」とは、法身の身体、言語、精神の働きのことで、それらを順に身密《しんみつ》、語密《ごみつ》（口密《くみつ》）、心密《しんみつ》（意密《いみつ》）と称する。

対して、煩悩にまみれた凡夫《ぼんぷ》の身体、言語、精神による行為は、一般に「三業《さんごう》」と呼ばれる。しかし、大師の釈文によれば、もともとは法身の現れの一部であるわれわれ一人ひとりの人間、すなわち衆生にも、本来的に三密の作用が等しく具《そな》わっていて、法身の三密と衆生《しゅじょう》の三密が呼応するとき、両者の区別はなくなるという。

　この呼応を「三密加持《かじ》」と呼び、それには、仏が衆生を思いやる大悲《だいひ》の心を受け止める、衆生の信心が必要であると大師は説く。

　そのことを正しく洞察して、手に印契《いんげい》を結び（身密の象徴）、口に真言《しんごん》を唱え（語密の象徴）、自身が仏であるという観念に心を置くならば（心密の象徴）、速やかに即身成仏が果たされるとされる。ちなみに真言密教では、この実践法を「三密瑜伽《さんみつゆが》の行《ぎょう》」と呼んでいる。

　なお、第四句にある「帝網」とは、帝釈天《たいしゃくてん》が住まう宮殿の天井に張り巡らされた網のことで、その結び目のすべてには宝玉がちりばめられており、それら無数の宝玉は相互に映し映され、累々《るいるい》として無限の関係性を形成している。その帝網のように、六大無礙、四種曼荼羅の不離、三密加持という法則の下、法身と自身と自分以外のあらゆる他者は、互いに対立を超えて、妨げられることなくつながり合っているという。これが、即身成仏の境地である。

後半の頌、第五句から第八句では、三密瑜伽の行によって即身成仏が果たされたときに、われわれの心の中に現れる智慧《ちえ》について説明される。

仏の智慧

第五句にある「薩般若」は、サンスクリット語のサルヴァジュニャーナ(sarvajñāna)が訛《なま》ったサッパンニャー(sappaññā)の音写で、「一切智《いっさいち》」すなわち仏陀の絶対的な智慧を指す。この句では、一人ひとりの人間には、生得的にこの薩般若が具わっていると詠われる。

そして、自身が仏であると自覚すれば、われわれの心の主体(「心王《しんのう》」)と、数限りないその作用(「心数《しんじゅ》」)のすべてが、金剛界曼荼羅《こんごうかいまんだら》(カラー口絵参照)によって象徴される、大日如来の広大無辺な智慧に転換されると説くのが、第六句と第七句である。

「五智」とは、金剛界曼荼羅の中央と四方に位置する五如来が具える五種の智慧である。

東方の阿閦如来《あしゅくにょらい》が司る大円鏡智《だいえんきょうち》は、すべてをありのままに見る智慧。南方の宝生如来《ほうしょうにょらい》が司る平等性智《びょうどうしょうち》は、万物が平等の価値をもつことを知る智慧。西方の阿弥陀如来《あみだにょらい》が司る妙観察智《みょうかんざっち》は、万物の個性とその清浄性《しょうじょうせい》を見極める智慧。北方の不空成就如来《ふくうじょうじゅにょらい》が司る成所作智《じょうそさち》は、衆生を救済するための実践に関与する智慧。そして、それら四智を統合する絶対の智慧が、中央の大日如来の法界体性智《ほうかいたいしょうち》である。

金剛界曼荼羅の「相互渉入《そうごしょうにゅう》」の理論によれば、五智の一つひとつにはそれぞれまた五智が含まれており、さらにそれらの一つひとつにも五智が含まれており、そのようにして、大日如来の智慧は無限に広がってゆく。それを「無際智《むさいち》」という。第八句によれば、そのような大日如来の智慧は、円《まる》い鏡のように、法界のすべてを真実のままに照らし出す智慧であるという。

4　法身の説法を聞く――『声字実相義』と『吽字義』

大師の言語論

『声字実相義《しょうじじっそうぎ》』は、大師の言語観が敷衍《ふえん》される著作である。その冒頭には、「一つには叙意《じょい》、二つには釈名体義《しゃくみょうたいぎ》、三つには問答《もんどう》」と、全体の構成が記されているが、現在に伝えられるテキストには、第三の「問答」の部分が欠けている。

『弁顕密二教論《べんけんみつにきょうろん》』の項で見たように、密教では、法身《ほっしん》が直接に説法するとされる。それでは、真理そのものを身体とする無形の法身は、どのようにして法を説くのであろうか。その理論が具体的に論じられるのが『声字実相義』であり、序文に相当する「叙意」の冒頭には、法身説法の仕組みが、次のように端的に示されている。

「夫《そ》れ如来の説法は必ず文字《もんじ》に籍《よ》る。文字の所在は六塵《ろくじんそ》其の体《たい》なり。六塵の本《ほん》は法仏《ほうぶつ》の三《さん》密《みつ》即ち是《こ》れなり」

〈如来の説法は、必ず文字を借りておこなわれる。文字は、色《しき》、声《しょう》、香《こう》、味《み》、触《そく》、法《ほう》の、六種の認識対象を本質としている。それら六種の認識対象の根源は、法身の身体と言語と精神の三つの働きにほかならない〉

この文章にある「六塵」とは、人間の感覚器官である眼《げん》、耳《に》、鼻《び》、舌《ぜつ》、身《しん》、意《い》の六根《ろっこん》によって認識される、色、声、香、味、触、法の六境《ろっきょう》を指す。そして密教では、文字や音声に限らず、見えるもの、聞こえるもの、匂い、味わい、体や心で感じるもの、それらすべてが如来の言葉であると見る。すなわち、われわれが五感を通じて認識する現象や存在はすべて、法身大日如《だいにちにょ》来《らい》の身体と言語と精神による行為であり、それらがそのまま、法身のメッセージであるというのである。

よって、法身の説法を聞くということは、大宇宙に対峙しながら、五感を研ぎ澄まし、感覚によって体全体でそのメッセージを受け止めるということになろう。そして、そのような瞑想こそが、密教の修行法なのである。

五大の響き

『声字実相義』の本論である「釈名体義」では、まずこの書物のタイトルについて「声」と「字」と「実相」にわけて説明される。「声」とは人間の声や自然界にある音であり、それらの声や音によって与えられる事物の名前が「字」であり、名前によって表される事物の性質が「実相」であり、それら三者は同質であるという。すなわち、世界は音より生じ、音によって成立していると大師は見る。

続いて、『大日経』の「具縁品《ぐえんぼん》」に説かれる言語論が紹介され、その内容が四句からなる頌《じゅ》文《もん》によって示される。経典や論書に説かれる複雑な教義を独自に咀嚼《そしゃく》して、詩に凝縮させるやり方は、大師の得意とするところである。そして、この頌文こそが『声字実相義』のエッセンスであり、その各句を解説する形式で、その後の論が進められる。

五大《ごだい》に皆《みな》響き有り

十界《じっかい》に言語《ごんご》を具《ぐ》す
六塵《ろくじん》悉《ことごと》く文字《もんじ》なり
法身は是《こ》れ実相《じっそう》なり

第一句に出る「五大」とは、物質世界を構成する地、水、火、風、空の五つの要素であるが、大師はそれらを、曼荼羅を構成する五仏（五如来）であるととらえ、五大の響きによって起こる自然界の音はすべて、五仏をはじめとする曼荼羅諸尊の活動であると見る。

真言とは

第二句に見える「十界」とは、地獄《じごく》、餓鬼《がき》、畜生《ちくしょう》、修羅《しゅら》、人《にん》、天《てん》の六道《ろくどう》に、声聞《しょうもん》、縁覚《えんがく》、菩薩《ぼさつ》、仏《ぶつ》を加えた十の世界である。これら十の世界には、それぞれの言語が存在するが、仏界以外の九つの世界の言語は、いずれも虚妄の言葉であるとされ、仏界の言語のみが真実なる言葉、すなわち「真言《しんごん》」であると説明される。

ここにいう虚妄の言葉とは、コミュニケーションの手段として用いる一般的な言語のことである。しかしそれらの言葉は、個々の事物の価値を固定し、限定してしまうので、自由なる悟りの世界を求める者にとっては妨げとなる。

翻って、インドでマントラ(mantra)と呼ばれる真言は、バラモン教やそれが大衆化したヒンドゥー教では、神々を讃えるための言葉であったが、密教に取り入れられてからは、聖なる仏と俗なる衆生をつなぐ媒体とされるようになった。

大師晩年の著作とされる『般若心経秘鍵《はんにゃしんぎょうひけん》』には、「真言は不思議なり、観誦《かんじゅ》すれば無明《むみょう》を除く。一字に千理《せんり》を含み、即身《そくしん》に法如《ほうにょ》を証す」〈真言とは不思議なもので、イメージしたり唱えたりするだけで迷いを払う。一文字に無限の意味が含まれており、即身成仏を可能にする〉という有名な一節がある。

真言宗では、さまざまな真言が用いられるが、真言は、漢語や日本語に翻訳することなく、サンスクリット語のままで唱えられる。それは、真言が伝達手段としての単なる言語を超えた、法身が発する絶対の言葉であるからなのである。そしてその言葉は、聖なる音として宇宙に遍《へん》満《まん》していて、一つの流れとなって、万物をつないでいるのである。

六塵が法身の言葉

第三句にある「六塵」とは、先にも見たように、色、声、香、味、触、法の六つの認識対象である。煩悩に穢れた凡夫《ぼんぷ》によって認識されるそれらは、否定され、捨て去るべきものであるから、六つの塵《ちり》というのである。しかし大師は、それら一つひとつが法身大日如来の言葉であると主張する。つまり、自分を取り囲む万象はことごとく、大日如来の説法にほかならないというのである。

次に大師は、六塵の中から色塵《しきじん》、すなわち「目で見えるもの」を取り上げて、顕《けん》(色彩)、形《ぎょう》(形状)、表《ひょう》(動き)の三つの角度から詳しい分析を加えているが、声塵《しょうじん》以下の五塵と、頌文の第四句に対する釈文《しゃくもん》を施すことなく、突如として筆を置いている。真言宗の伝統的な説では、大師はここまでで十分に論述を尽くしたため、残りを省略したのだと説明されている。

なお、第四句では、六塵として現実の世界に現れている法身こそが、「実相」すなわち真実であると詠われ、現実がそのまま悟りの世界であると見る密教の立場が表明されている。

『吽字義』

『声字実相義』と並ぶ大師の言語論に、『吽字義《うんじぎ》』がある。「吽字」とは、梵字の(hūṃ)の一文字を指し、この著作では、この吽字に含まれる無限の意義が、字相《じそう》と字義《じぎ》の二つの面から考察される。字相とは、文字の成り立ちなどの表層的な意味をいい、字義とは、密教の立場から見た、隠された深奥《しんおう》な意味をいう。このように、浅略《せんりゃく》の解釈をまず示し、続いて深秘《じんぴ》の解釈を示す論法が、大師の著作ではしばしば用いられる。

密教において吽字は、菩提心《ぼだいしん》や識大《しきだい》を象徴する、重要な文字である。それは、阿閦如来《あしゅくにょらい》や金《こん》剛薩埵《ごうさった》などの種子《しゅじ》真言《しんごん》(一文字の真言)としても用いられ、威力ある忿怒《ふんぬ》尊《そん》の怒り声を表現する擬音語でもある。

字相の解説では、吽(𑖮𑖳𑖽・hūṃ)の文字を、訶《か》(𑖮・ha)、阿《あ》(𑖀・a)、汙《う》(𑖄・ū)、麼《ま》(𑖦・ma)の四字の要素に分解し、大乗経典にすでに説かれている字門《じもん》と呼ばれる文字解釈に基づいて、訶字に「因《いん》」、阿字に「空無《くうむ》」、汙字に「損滅《そんめつ》」、麼字に「我《が》」の意味があると述べられる。

そして字義の解説では、訶字は「因不可得《いんふかとく》」の義、阿字は「諸法本不生《しょほうほんぷしょう》」の義、汙字は「損滅不可得」の義、麼字は「吾我《ごが》不可得」の義であると説かれる。

字相の解説で示された四つの文字の意味をそれぞれ否定しているように思われるが、「不可得」や「本不生」という語は、一般的な言語による限定的な思考を超越した、感覚的に認識される本質の世界を表現している。そのような本質を、瞑想を通して感じ取り理解することが、密教の修行であり、悟りへの道程である。

さらに大師は、吽の一文字に、小乗に属する声聞乗《しょうもんじょう》と縁覚乗《えんがくじょう》、大乗に相当する菩薩乗《ぼさつじょう》のすべての教えをはじめ、『大日経』に説かれる「菩提心を因とし、大悲《だいひ》を根《こん》とし、方便《ほうべん》を究竟《くきょう》とす」(三句《さんく》の法門《ほうもん》、第六章の3参照)という究極の教理が包摂されると主張する。

そして最後に、吽字には、無限の智慧によって衆生を大いに護るという「擁護《ようご》」、自由自在に敵を打ち破るという「自在能破《じざいのうは》」、何でも願いを叶えるという「能満願《のうまんがん》」、如来の大いなる力である「大力《だいりき》」、悪魔を降伏《ごうぶく》し退散させる「恐怖《くふ》」、自分が仏と等しいと知る喜びを感じる「等《とう》観歓喜《かんかんぎ》」の六つの意味があると述べる。これらは、吽字がもつ不思議な力の数々である。

『吽字義』では、一つの例として吽字が取り上げられるが、真言密教の言語観では、吽字と同様に、あらゆる文字や声、音に、無限の真理が含まれており、そのすべてが法身の説法であると理解されている。

5 悟りへの階梯《かいてい》――『秘密曼荼羅十住心論』と『秘蔵宝鑰』

天長の六本宗書

天長七(八三〇)年、淳和天皇は当時の仏教各宗に対し、それぞれの宗の教義を書物にまとめて提出するよう、勅命を下した。それに応えて、律宗《りっしゅう》の豊安《ぶあん》は『戒律伝来《かいりつでんらい》宗旨問答記《しゅうしもんどうき》』三巻を、法相宗《ほっそうしゅう》の護命《ごみょう》は『大乗法相研神章《だいじょうほっそうけんじんしょう》』五巻を、三論宗《さんろんしゅう》の玄叡《げんえい》は『大乗三論大義鈔《だいじょうさんろんたいぎしょう》』四巻を、天台宗の義真《ぎしん》は『天台法華宗義集《てんだいほっけしゅうぎしゅう》』一巻を、華厳宗《けごんしゅう》の普機《ふき》は『華厳宗一乗開心論《けごんしゅういちじょうかいしんろん》』六巻を、そして大師は、『秘密曼荼羅十住心論《ひみつまんだらじゅうじゅうしんろん》』十巻(略称『十住心論』)

を著した。これらを「天長の六本宗書《ろっぽんしゅうしょ》」と呼ぶ。

そして、『十住心論』の中から、経典や論書よりの引用文などを大幅に省き、その内容を要約したものが、『秘蔵宝鑰《ひぞうほうやく》』である。「宝鑰」という言葉には、密教の教えが詰まった蔵の扉を開くための「宝の鍵《かぎ》」の意味がある。

これら二つの書物では、人間の心が徐々に宗教的に高いレベルへと発展してゆく様子を十段階（十種の住心《じゅうしん》）にわけて分析しつつ、それらにリンクさせて仏教の史的展開を示し、真言密教の修行によって得られる悟りの境地を最高位に置いて、その優位性が宣揚される。

このように、心に等級を設けて分析する方法は、『大日経』の「住心品《じゅうしんぼん》」に典拠がある。「住心品」には、「菩提とは、如実に自心を知ることである」という命題が示され、心の諸相がことこまかに説かれている。また、植物の種が芽吹いて育ち、花を咲かせて結実する過程になぞらえて、人間の心の成長が描写されている。

『十住心論』と『秘蔵宝鑰』は、大師がその命題に基づいて、人間の心について考察した、一つの結論であるといえよう。

なお、『十住心論』の成立に大きくかかわった文献に、唐の良賁《りょうび》が著した『凡聖界地章《ぼんしょうかいじしょう》』がある。『凡聖界地章』は、種々の経論に基づいて仏教のコスモロジーをまとめた書物で、大師は『十住心論』にそのほぼ全文を引用している。地獄から天上界の最高所まで、重層構造を示す仏教の宇宙論が、十種の心の階梯《かいてい》に重ね合わされる。

十住心の内容

十種の心の階梯とはいかなるものか、それぞれの内容を簡単に紹介しよう。

第一の住心である「異生羝羊心《いしょうていようしん》」は、本能のおもむくままに行動し、善悪をわきまえず、因果の理法を信じない凡夫《ぼんぷ》の心。「羝羊」とは、性と食にのみ貪欲な雄羊《おひつじ》のことをいう。

第二の「愚童持斎心《ぐどうじさいしん》」は、道徳を意識し、他人を思いやるようになった心。人間の一生にたとえれば幼児の段階で、「持斎」とは、自分の食事を他の者に施すことをいう。

第三の「嬰童無畏心《ようどうむいしん》」は、宗教心に目覚め、天界に生まれ変わることを願うようになった心。「無畏」とは、子が母を慕うように、神を頼って畏《おそ》れがないこと。外教《げきょう》と呼ばれる仏教以外のインドの諸宗教や、中国の道教がこれに含まれる。

ここまでは「世間《せけん》の住心」と呼ばれる範疇《はんちゅう》で、次より仏教の世界に入る。

第四の住心である「唯蘊無我心《ゆいうんむがしん》」は、現象はすべて、色《しき》、受《じゅ》、想《そう》、行《ぎょう》、識《しき》の五蘊《ごうん》の結びつきからなる仮の姿で、それらには実体がないと知る心。小乗仏教の声聞《しょうもん》の段階に相当する。

第五の「抜業因種心《ばつごういんじゅしん》」は、煩悩の根源となる無明《むみょう》を取り除いた悟りの境地であるが、それを独り占めして自分だけが楽しんでいる、小乗仏教の縁覚《えんがく》のレベルにある心。

第六の「他縁大乗心《たえんだいじょうしん》」は、現象は幻で、心のはたらきのみが存在すると見る唯識説《ゆいしきせつ》に立脚する心。法相宗の見解にあたる。

第七の「覚心不生心《かくしんふしょうしん》」は、現象の裏に固定的な実在はないと見極める空観《くうがん》によって獲得される、主観と客観の相対を離れた、とらわれのない心。インドの中観派《ちゅうがんは》、その流れを汲む三論宗がめざす悟りの境地を指す。

なお第六と第七の住心は、大乗仏教に準ずる「権大乗《ごんだいじょう》」に分類され、第八住心から大乗仏教の段階に入る。

第八の「一道無為心《いちどうむいしん》」は、「如実一道心《にょじついちどうしん》」、「空性無境心《くうしょうむきょうしん》」などともいう。あらゆる存在は本来的に清浄であると悟り、すべての衆生《しゅじょう》が成仏できると考える心。天台宗が理想とする境地である。

第九の「極無自性心《ごくむじしょうしん》」は、あらゆる事物が固定した性質をもたず、互いに関係し合って融和し、大きな一つの世界を形成していると悟る心で、華厳宗の立場にあたる。

そして、第十の「秘密荘厳心《ひみつしょうごんしん》」が真言密教の悟りの境地であり、一切の存在が、法身大日如《ほっしんだいにちにょ》来《らい》の現れとして、それぞれの価値を発揮しながら無礙《むげ》に融和している、曼荼羅の世界を実感する心である。

これらの各住心の名称は、『大日経』の「住心品」および、同経の注釈書である『大日経《だいにちきょう》疏《しょ》』に基づいているが、第八の「一道無為心」のみは、大師の造語と見られている。

『十住心論』と『秘蔵宝鑰』の違い

『十住心論』と『秘蔵宝鑰』を比較すると、広論と略論という分量の違いだけではなく、内容のうえで大きく二つの異なった点が見られる。

『秘蔵宝鑰』は、第一住心から第九住心までを顕教《けんぎょう》に所属させ、第十住心のみを密教の境地とする。

それに対し、『十住心論』では、各住心の説明に深秘釈《じんぴしゃく》（密教の立場から見た奥深い解釈）が示され、第一から第九までの住心は世俗や顕教に属するが、それぞれの心は総体的な大日如来が示す一つひとつの側面であり、より高い次元から見れば、それらも密教の世界の一部として把握できると説かれる。

これが第一の相違であり、『秘蔵宝鑰』が示す解釈を「九顕一密《くけんいちみつ》」といい、『十住心論』の解釈を「九顕十密《くけんじゅうみつ》」という。

第二の相違は、『秘蔵宝鑰』の第四住心を説明する段に、『十住心論』には見られない「十四問答《じゅうしもんどう》」と呼ばれる文章が付加されている点である。そこでは、儒家の立場にある憂国公子《ゆうこくこうし》と仏教に通じた玄関法師《げんかんほっし》の対話形式で、仏教と世俗や国家との関係について、十四項目にわたって論じられている。

なお、『十住心論』と『秘蔵宝鑰』の両著作は、先に取り上げた『弁顕密二教論《べんけんみつにきょうろん》』と並ぶ教相判釈《きょうそうはんじゃく》の書である。しかし、『弁顕密二教論』が顕教と密教を対比して両者の違いを指摘するのに対し、『十住心論』と『秘蔵宝鑰』では、各宗の教義を段階的に配列し、特に『十住心論』においては、それらすべてを密教の中に包摂しようと試みられている。この手法の相違について、真言宗の伝統的な教学では、前者を「横《おう》の教判」、後者を「竪《しゅ》の教判」と呼んで区別している。

6　その他の著作

『聾瞽指帰《ろうこしいき》』（本章扉写真）一巻は、大師が二十四歳のときに著したとされる渾身の処女作である。のちに大師自身によって本文に朱が施され、序文と、跋文《ばつぶん》（あとがき）にあたる「十韻の詩《じゅういんのし》」がすべて改められ、三巻にわけられて『三教指帰《さんごうしいき》』と題された。

戯曲仕立ての文章によって儒教、道教、仏教を比較し、仏教が最も優れていることを示す比較思想論であり、四字句と六字句を基本に、対句や、古典の内容を踏まえた字句をちりばめた「四六駢儷《しろくべんれい》」と呼ばれる格調高い美文体が用いられていることでも有名である。

またこの著作は、世俗を棄て、仏道を歩むことを決意した、若き日の大師の出家宣言書でもあった。

物語は、兎角公《とかくこう》という人物が、甥《おい》で放蕩者《ほうとうもの》の蛭牙公子《しつがこうし》の素行を憂い、儒家の鼈毛先生《べつもうせんせい》（『三教指帰』では亀毛《きもう》先生）にその更生を依頼する場面で幕が開く。鼈毛先生は蛭牙公子を叱咤《しった》し、孝行、勉学に励めば、財産や名誉が得られると説く。その論には、性悪説を説く『荀子《じゅんし》』が多く参照されている。

そこに、道士《どうし》の虚亡隠士《きょぶいんじ》が登場して、不老長生の仙術が、儒教が説く道徳よりも優れていると説き、神仙となるためのさまざまな方法を述べる。ここでは特に、晋の時代の道教の研究家、葛洪《かっこう》が著した『抱朴子《ほうぼくし》』からの引用が顕著である。

そして最後に、極端にみすぼらしい風体の遊行僧《ゆぎょうそう》、仮名乞児《かめいこつじ》が現れて、諸行無常や、因果応報による輪廻の法則を説き、それを脱するための八正道《はっしょうどう》や六波羅蜜《ろくはらみつ》、七覚支《しちかくし》、四念処《しねんじょ》などの仏教の基本的な修行法を示し、一同を諭す。この仮名乞児には、私度僧《しどそう》として山林修行に明け暮れた日々の、大師自身の姿が投影されている。

『般若心経秘鍵』

『般若心経秘鍵《はんにゃしんぎょうひけん》』は、日本人にとって最も馴染《なじ》みの深い仏教経典『般若心経』の解説書である。

『般若心経』は、有名な「色即是空《しきそくぜくう》、空即是色《くうそくぜしき》」の一節からも知られるように、一切の事象が本質的に実体をもたず空《くう》であることを説いた大乗の経典である。しかし、大師は独自の立場から、この経典を、「空」を見極める般若《はんにゃ》の智慧《ちえ》から生まれた女性の菩薩である、般《はん》若菩薩《にゃぼさつ》の悟りの境地を説き明かした密教の文献であると主張する。

また、『般若心経』の「心」とは、分量が厖大《ぼうだい》な『大般若経《だいはんにゃきょう》』の重要な部分を圧縮した「真髄《しんずい》」ということではなく、般若菩薩の「大心真言《だいしんしんごん》」、すなわち般若菩薩の悟りを音に凝縮したマントラ（本章の4参照）を指すという。

タイトルにある「秘鍵」とは、『般若心経』の文言の深層に隠された密教世界を読み解くための、「秘密の鍵」を意味している。

この著作は、「序分《じょぶん》」、「正宗分《しょうしゅうぶん》」、「流通分《るずうぶん》」の三つから構成される。本論に相当する「正宗分」では、『般若心経』の本文を人法総通分《にんぼうそうつうぶん》、分別諸乗分《ふんべつしょじょうぶん》、行人得益分《ぎょうにんとくやくぶん》、総帰持明分《そうきじみょうぶん》、秘蔵真言分《ひぞうしんごんぶん》の五つにわけて解説し、結論として、経典の終わりに説かれる「羯諦羯諦《ぎゃていぎゃてい》、波羅羯諦《はらぎゃてい》、波羅僧羯諦《はらそうぎゃてい》、菩提薩婆訶《ぼうじそわか》」の真言が最も重要であり、この真言の中に、小乗、大乗、密教の、すべての教えが凝縮されていると述べる。

『般若心経秘鍵』の撰述年代については、古来、弘仁九（八一八）年と承和元（八三四）年の二説がある。前者は、巻末に付された上表文《じょうひょうぶん》（第三章の3参照）の記述に基づく説であるが、この上表文は後世に付加された偽作であるとするのが定説である。十住心《じゅうじゅうしん》の思想が応用されていることとなどから、現在では、大師晩年の著作と考えられている。

開題類

大師の著作には、「開題《かいだい》」と呼ばれる一つのジャンルがある。これは、経典の題目を詳しく分析することによって、経典全体が説かんとするところを解説する文献であり、法要の際の表白文《ひょうびゃくもん》や、講演のレジュメとして執筆された。

『大日経』の開題が最も多く、七本が遺されている。ただし、「衆生狂迷」、「隆崇頂不見」の各文言で始まる二本については、大師よりのちの時代に用いられるようになった術語が見出されることから、偽作の疑いがもたれている。「法界浄心」で始まる一本は、天長元(八二四)年に制作された。

『金剛頂経《こんごうちょうきょう》』には二本、『理趣経《りしゅきょう》』には三本の開題が伝存する。

『理趣経』の開題のうち「弟子帰命」で始まる一本は、大師の十大弟子のうちの一人である忠延《ちゅうえん》の亡き母親の追善法要に際して撰述されたものであることが知られている。また、大師の『理趣経』関係の著作には、『理趣経』の全体を章段のわけ方を中心に注釈した『真実経文句《しんじつきょうもんく》』、東大寺の長老であった奉実《ほうじつ》から寄せられた『理趣経』の内容に関する四つの質問に答えた、『実相般若経答釈《じっそうはんにゃきょうとうしゃく》』がある。

密教経典のみならず、護国三部経である『法華経《ほけきょう》』、『仁王経《にんのうきょう》』、『金光明経《こんこうみょうきょう》』のほか、菩薩《ぼさつ》戒《かい》を説く『梵網経《ぼんもうきょう》』や、『般若経』系の大乗経典である『金剛般若経《こんごうはんにゃきょう》』に対しても、大師は開題を著している。特に、『法華経』の開題は五本あり、『法華経』は、金剛界曼荼羅《こんごうかいまんだら》の蓮華部《れんげぶ》(法部《ほうぶ》)のグループを代表する観自在王如来《かんじざいおうにょらい》(阿弥陀如来《あみだにょらい》の別名)あるいは観音菩薩《かんのんぼさつ》の悟りの境地を説明した、密教の経典であると大師は述べている。

遺文集

『遍照発揮性霊集《へんじょうはっきせいれいしゅう》』は、『性霊集』と略称され、一般に「しょうりょうしゅう」という読み方が流布している。本書でも、この読み方を採用した。

その内容は大師が綴った漢詩文、碑銘、上表文、願文、書簡などを集めた選集で、弟子の真済《しんぜい》によって編纂された。本来は全十巻で構成されていたが、巻第八から巻第十までが失われてしまったため、仁和寺《にんなじ》の済暹《さいせん》が承暦三(一〇七九)年に『続遍照発揮性霊集補闕抄《しょくへんじょうはっきせいれいしゅうほけつしょう》』三巻を新たに編んでそれを補った。「補闕抄」は「ぶけつしょう」とも読む。

巻第一は詩、巻第二は碑文の集成である。巻第三には進上または贈呈された詩文、巻第四には上表文や啓白文《けいびゃくもん》が集められている。啓白文とは、法要に際して祈願を述べた文章をいう。巻第五には、在唐中にしたためられた書状がまとめられており、巻第六と巻第七には、願文《がんもん》の類が収録されている。補われた三巻（『補闕抄』）のうち、巻第八には願文の類、巻第九には上表文や啓白文、巻第十には「綜芸種智院式《しゅげいしゅちいんしき》」や最澄に宛てた書簡など、種々の文章や詩が集められている。

また、『高野雑筆集《こうやざっぴつしゅう》』二巻は、大師の書簡七十二首を集めた文献である。その編集者は不明であるが、古くは『高野往来集《こうやおうらいしゅう》』とも呼ばれ、石山寺《いしやまでら》の淳祐《しゅんにゅう》（第一章の5参照）が大師の遺文を集めて書写した『大師文章《だいしもんじょう》』を原型としている。異本ともいうべきものに、高野山の宝寿院《ほうじゅいん》に蔵される『拾遺性霊集《しゅういしょうりょうしゅう》』がある。

これらの遺文集は、大師の動向や人間関係、素顔の大師の思考や心情を知ることができる、かけがえのない資料となっている。

文章論と字書

大師は、仏教関係の著作以外にも、優れた書物を遺している。

『文鏡秘府論《ぶんきょうひふろん》』は、漢詩文を綴る際の法則をまとめた文法書であり、天巻、地巻、東巻、南巻、西巻、北巻の六巻よりなる。

その序文には、「貧道《ひんどう》は幼《よう》にして表舅《ひょうきゅう》に就いて頗《すこぶ》る藻麗《そうれい》を学び、長じて西秦《せいしん》に入《い》って粗《ほ》ぼ余論を聴《き》く」〈私は幼いころより母方の舅《おじ》の許《もと》で漢文を学び、のちに中国に留学して、さらに一通りの文章論を聴聞《ちょうもん》する機会を得た〉と記されている。そのようにして大師が身につけた広汎《こうはん》な知識に基づいて、六朝から唐に至る各時代に中国で成立した詩論や文章論、音韻に関する書物を蒐集《しゅうしゅう》し、整理、編纂したのが、この著作である。引用される文献の中には、すでに散逸してしまったものも多く、それらを復元するための資料としても大きな価値をもつ。

『文鏡秘府論』を要約した略本に『文筆眼心抄《ぶんぴつがんじんしょう》』一巻があり、これは、弘仁十一(八二〇)年五月に著された。

『篆隷万象名義《てんれいばんしょうめいぎ》』三十巻は、大師が編纂した、現存する日本最古の字書である。永久二(一一一四)年に書写された唯一の写本が、栂尾《とがのお》の高山寺《こうざんじ》に伝わっている。この写本は六帖《ちょう》からなるが、第五帖と第六帖は、後世に補われたものであると考えられている。

部首ごとに篆書《てんしょ》と隷書《れいしょ》で一万五千余の漢字を示し、一文字ごとに反切《はんせつ》による発音と、意味を記す。全体が、梁《りょう》の顧野王《こやおう》が撰した『玉篇《ぎょくへん》』に依拠して編まれており、この字書は、大部分が失われてしまったその全容をうかがい知るための貴重な資料ともなっている。

梵字の解説書

『梵字《ぼんじ》悉曇字母《しったんじも》并釈義《ならびにしゃくぎ》』一巻は、弘仁五(八一四)年に嵯峨天皇に進上された梵字の解説書である。「悉曇」とは、梵字に対する宗教的呼称であり、「完成したもの」を意味するサンスクリット語のシッダム(siddhaṃ)を音写した言葉である。

梵字は表音文字であるが、大乗仏教では、「字母《じも》」と呼ばれるその母音と子音の並びを一種の陀羅尼《だらに》(呪文)ととらえ、一文字ごとに教理的な意味をもたせて「字門《じもん》」と名づけた。四十二字門と五十字門の二系統が有名であるが、大師はこの文献において、不空三蔵《ふくうさんぞう》の『金剛頂経《こんごうちょうきょう》釈字母品《しゃくじもほん》』に基づいて、五十字門を紹介している。

大師はまた、梵字悉曇の一文字一文字には無限の仏の智慧《ちえ》が含まれており、それを唱え、観《かん》想《そう》するならば、法身《ほっしん》と等しい存在になれると説いている。

『平城上皇灌頂文』と『三昧耶戒序』

実恵僧都《じちえそうず》が、大師の入滅を唐の青龍寺《しょうりゅうじ》に知らせるためにしたためた、承和三(八三六)年五月五日付の書簡には、大師が平城上皇に灌頂《かんじょう》を授けたとの記述がある。その灌頂に際して、灌頂を受ける者の心構えや、密教の相《そう》承《じょう》の由来などを書き記したとされるのが、『平城上皇灌頂文《へいぜいじょうこうかんじょうもん》』一巻である。正式には『大和尚《だいわじょう》平城太上天皇《へいぜいだじょうてんのう》の灌頂《かんじょう》の奉為《おんため》の文《もん》』と題する。

この著作は、別々に成立した四つの文章をつなぎ合わせてできあがっている。その第一の文章には、「帰朝して十七年が経った」との記述があることから、この文献が撰述されたのは弘仁十三(八二二)年であり、同じ年に平城上皇への灌頂がおこなわれたと考えられてきた。しかし、この第一文が後世の偽作であるとの意見があり、灌頂の実施についても疑いの目で見る研究者もいる。

なお、大師の著作として別に伝わる『三昧耶戒序《さんまやかいじょ》』一巻は、『平城上皇灌頂文』の第四の文章と同一の内容である。「三昧耶戒」とは、灌頂に先駆けて授けられる密教に独特の戒《かい》であるが、この文献では、『釈摩訶衍論《しゃくまかえんろん》』と『菩提心論《ぼだいしんろん》』に基づいて、密教者は、信心《しんじん》、大悲《だいひ》心《しん》、勝《しょう》義《ぎ》心《しん》、大菩提心《だいぼだいしん》の四種の心を発《お》こし、それらを戒として保つべきであると説かれている。

『三昧耶戒序』は、三昧耶戒を授ける作法をまとめた『秘密三昧耶仏戒儀《ひみつさんまやぶっかいぎ》』一巻の序文として執筆されたともいわれるが、両者が大師の著作であることを疑問視する声もある。

『請来目録《しょうらいもくろく》』、および『秘密曼荼羅教付法伝《ひみつまんだらきょうふほうでん》』と『真言付法伝《しんごんふほうでん》』については、第四章を参照されたい。

コラム5 十大弟子

大師には多くの弟子がいたが、なかでも傑出した十師を「十大弟子」あるいは「十傑《じっけつ》」と呼んでいる。高野山の御影堂《みえどう》の外陣《げじん》や、奥之院の燈籠堂《とうろうどう》には、それら十大弟子を描いた画像が掲げられている。

真如親王《しんにょしんのう》についてはすでにその略歴を述べたので（第三章の1参照）、残る九師について、簡単に紹介しておこう。

真済僧正《しんぜいそうじょう》（八〇〇～八六〇）は、紀《き》氏の出身。二十五歳で大師から両部の灌頂《かんじょう》を受けて阿闍梨《あじゃり》となり、大師より高雄山寺《たかおさんじ》（神護寺《じんごじ》）を託された。大師の詩文などを集めた『性霊集《しょうりょうしゅう》』の編纂者としても知られる。

真雅《しんが》僧正（八〇一～八七九）は、大師の実弟である。清和《せいわ》天皇の護持僧《ごじそう》として帰依《きえ》を受け、京都に貞観寺《じょうがんじ》を開いた。大師から両部の灌頂を授かっている。諡号《しごう》は法光大師《ほうこうだいし》。

実恵《じちえ》僧都《そうず》（七八六～八四七）は、大師と同じ佐伯《さえき》氏の出身で、南都《なんと》の大安寺《だいあんじ》で法相宗《ほっそうしゅう》の教学（唯《ゆい》識《しき》）を学んだのち、二十五歳で大師から両部の灌頂を受けた。東寺の長者《ちょうじゃ》を務め、河内《かわち》に観心寺《かんしんじ》を開いた。諡号は道興大師《どうこうだいし》。

道雄《どうゆう》僧都（?～八五一）は、佐伯氏の出身で、実恵僧都の親族とされる。一説に、天台宗《てんだいしゅう》の智証《ちしょう》大師《だいし》円珍《えんちん》の伯父ともいわれる。東大寺で華厳宗《けごんしゅう》の教学を学び、のちに大師より密教を学んだ。海《かい》印寺《いんじ》を開基《かいき》。

円明律師《えんみょうりっし》(?〜八五一)は、東大寺で三論宗《さんろんしゅう》を学び、のちに大師に師事して灌頂を受けた。実恵僧都とともに東大寺の真言院《しんごんいん》を管理し、さらに、東大寺の別当《べっとう》も務めた。

杲隣大徳《ごうりんだいとく》(七六七〜?)は、東大寺で三論宗と法相宗の教義を学び、のちに大師の弟子となった。実恵僧都、智泉大徳とともに高雄山寺の管理を任されている。伊豆に修禅寺《しゅぜんじ》を開いたと伝えられる。

泰範大徳《たいはん》(七七八〜?)は、伝教大師最澄《でんぎょうだいしさいちょう》のもと愛弟子で、高雄山寺で灌頂を受けたのをきっかけに比叡山《ひえいざん》を去り、大師の弟子となった(第一章の3参照)。高野山の開創《かいそう》にも尽力した。

智泉大徳《ちせん》(七八九〜八二五)は、大師の姉の子息とされる。京都の山科《やましな》に報恩院《ほうおんいん》(岩船寺《がんせんじ》)を開いた。十四歳で大師の弟子となって常に大師に随身《ずいしん》したが、三十七歳の若さで入滅。大師はその逝去を「哀《かな》しい哉《かな》、哀しい哉、哀《あわれ》が中の哀《あわれ》。悲《かな》しい哉《かな》、悲しい哉、悲《かなしみ》が中の悲《かなしみ》」(『性霊集』巻第八「亡《な》き弟子智泉が為の達嚫文《だっしんもん》」)と嘆いた。

忠延大徳《ちゅうえん》(生没年不詳)は、東大寺で受戒し、大師から両部の灌頂を授かった。神護寺の定額僧《じょうがくそう》(朝廷が配置した僧)であったとされるが、資料に乏しい。

第六章　言葉に学ぶ

高野山奥之院の御廟橋

1　大自然に向き合う

大師が、自然をこよなく愛し、賛美したことは、『性霊集《しょうりょうしゅう》』巻第一に収録された数々の漢詩文によって知ることができる。

互為依正

大宇宙と自己との一体化を図る瑜伽《ゆが》の瞑想によって成仏をめざす密教では、それを実践する環境が重要な意味をもつ。『大日経《だいにちきょう》』をはじめとする多くの密教経典が、修行に適した場所として、花が咲き、清らかな水が流れる、静寂で自然豊かな森林を規定している。大師が「修禅《しゅぜん》の道場」として開いた高野山は、その条件に最も適った吉祥《きっしょう》な土地であった。

特に晩年の大師は高野山に籠《こも》って瑜伽に没頭したことが知られており、高野山を「法身《ほっしん》の里《さと》」と呼び、「南山《なんざん》の松石は看《み》れども厭《あ》かず　南嶽《なんがく》の清流は憐《あわ》れむこと已《や》まず」〈高野山の松や岩などの自然の風景は見飽きることがなく、高野山の清流の輝きや水音は、いつも私を癒してくれる〉(『性霊集』巻第一「山に入る興」)と、その魅力を詠っている。詩句の中にある「南山」や「南嶽」は、京都から見て南方に位置する高野山を指す言葉である。

また、高野山のみならず、大師が修行を重ねたとされる太龍寺山《たいりゅうじさん》（大瀧ヶ嶽《たいりょうがだけ》）や石鎚山《いしづちさん》などの四国の霊跡を訪ねると、そこには必ず、大自然の美しい景色が広がっている。

大師は、自然環境と人間との関係を、『声字実相義《しょうじじっそうぎ》』の中で次のように述べている。

「内色定《ないしきさだ》んで内色に非《あら》ず、外色《げしき》定んで外色に非ずして、互いに依正《えしょう》と為る」

〈心をもつ人間と、それを取り囲む自然環境は、対立するものではなく、互いに主となり従となり、一つにつながっている〉

「内色」とは人間をはじめとする生物を、「外色」とは容《い》れ物としての自然環境を意味する言葉である。大師は、それらが主客を超えて相互依存の関係にあるといっている。その関係性を、密教の専門用語では「互為依正《ごいえしょう》」という。

多様な科学技術を手に入れた現代の人間は、万物の霊長として、自然や他の生物を支配したかのように錯覚している。しかし、繰り返される天災に直面して、われわれは自然の中での人間の無力さをつくづく実感させられる。また、目に見えない微小なウイルスが、人類の生存そのものを脅《おびや》かすこともある。

自然界に、主役は存在しない。刻々《こっこく》と変化する環境の中でその影響を被りながら、個々の生命は、互いに何らかの関係性をもちながら生かし生かされている。そして、そんな大きな秩序の中で、われわれは生まれ、死に、命を縷々《るる》とつないでゆく。

大師が愛したのは、自と他、主と客、生と死など、対立するものをすべて超越し、それらを包括した、ありのままの自然、換言すれば、法身大日如来《ほっしんだいにちにょらい》の無限の身体としての大宇宙であった。

四恩

大師の社会や国家に対する視点を論じる際に、「四恩《しおん》」という言葉が頻繁に取り上げられる。現存する大師の全著作の中には、二十数回にわたって、この四恩の語が現れる。

古来、その意味は、般若三蔵《はんにゃさんぞう》訳の『大乗本生心地観経《だいじょうほんじょうしんじかんぎょう》』に説明される父母、国王、衆生《しゅじょう》(他者)、三宝《さんぽう》(仏と、その教えと、それを伝える僧)の四者に対する恩であると考えられてきたが、用例を一つずつ精査すると、必ずしもすべてがそれに合致するものではないことが明らかにされている。

それでは、どういった意味で大師は四恩の語を用いたのか。

理解しやすい例として、「高野山万燈会《まんどうえ》の願文《がんもん》」(『性霊集』巻第八)にある、次の一節を挙げることができる。
「六大《ろくだい》の遍《へん》ずる所、五智《ごち》の含《がん》ずる攸《ところ》、排虚《はいきょ》、沈地《ちんじ》、流水《りゅうすい》、遊林《ゆうりん》、惣《すべ》て是《こ》れ我が四恩なり。同じく共に一覚《いっかく》に入らしめん」
〈地《じ》、水《すい》、火《か》、風《ふう》、空《くう》、識《しき》の六大によって成り立ち、大日如来の五智によって照らし出された無限の宇宙に存在する、空中、地中、水中、森林に生きるすべての生類《しょうるい》は、自分の命を支えているかけがえのない存在である。それらすべてをみなもろともに、悟りの世界に参入させよう〉

つまり、大師が述べる四恩とは、父母、国王、衆生、三宝などから受ける恩に限ったものではなく、「ありとあらゆる生物から被っている恩」ということになる。

密教が理想とする曼荼羅《まんだら》の世界にあっては、鳥も虫も魚も獣も、すべてが自分の生命を支えている尊い存在であり、また自身も、何らかの意味ですべての生命を維持している。そして、それぞれの生命が個性を発揮しながら、全体として融和している。

そんな生きとし生けるものを、余すことなく一つの悟りの世界に導き入れる。それが、大師の壮大な誓願《せいがん》であった。

四種法身

真言密教には「四種法身《ししゅほっしん》」という独特の仏身論《ぶっしんろん》があり、大師もしばしば著作の中でこの術語を用いている。例えば、『秘蔵宝鑰《ひぞうほうやく》』巻下では、次のように述べる。

「真言密教両部《りょうぶ》の秘蔵は、是《こ》れ法身大毘盧遮那《だいびるしゃな》如来《にょらい》、自眷属《じけんぞく》の四種法身と、金剛法界宮《こんごうほうかいぐう》及び真言宮殿《しんごんぐうでん》等に住して、自受法楽《じじゅほうらく》の故に演説したもう所なり」

〈『大日経《だいにちきょう》』と『金剛頂経《こんごうちょうきょう》』に説かれる真言密教の教えは、法身大日如来が、自身から流《る》出《しゅつ》した四種法身とともに、金剛のように堅固な真理の世界の宮殿や、真言の宮殿において、みずからの悟りを楽しむために説いたものである〉

四種法身とは、大宇宙をその身体として時空を超えて存在する法身を、自性身《じしょうしん》、受用身《じゅゆうしん》、変《へん》化《げ》身《しん》、等流身《とうるしん》の四つに開いたもので、不空三蔵《ふくうさんぞう》が著した『分別聖位法門《ふんべつしょういほうもん》』や『十八会指帰《じゅうはってしいき》』などに典拠がある。

自性身は、具体的な姿や形をもたない真理そのものとしての仏身であり、受用身は、悟りの楽しみをみずから享受するため、あるいはそれを他に享受させるために出現する不滅の仏身であり、変化身は、衆生を救済するために肉体をもって現れる仏身である。これらは、顕教《けんぎょう》でも説かれる三身説（第五章の2参照）に近いが、密教では、受用身や変化身も、すべて法身の一つの現れであると見る。

特筆すべきは、四番目の等流身である。これは、迷える衆生と同じ姿をとって現実世界に現れた仏身で、その中には人間はもとより鬼神《きしん》や鳥獣までもが含まれる。

すべての生物は、相互に影響を与え合いながら生命活動を営んでおり、そのつながりは「生態系」などと呼ばれることもある。また人間の社会に限れば、すべての人が、良きにつけ悪しきにつけ依存し合い、互いにさまざまな感情を懐《いだ》き合いながら生活を営んでいる。そのような現実世界において、自身にとって他者はすべて大日如来が姿を変えた等流身であり、それらの存在や行為はみな、自身を向上させ、悟りへと導くために仏が示す方便《ほうべん》なのである。

現実がそのまま涅槃《ねはん》の世界であって、そこに暮らしているすべての生き物が大日如来の現れであると見る、密教ならではの仏身観といえよう。そして、衆生たちの生命の営みはことごとく、大日如来が悟りの境地を楽しんでいる姿なのである。

草木成仏

大師がみずから彫ったとの伝承がある大日如来像を本尊として祀《まつ》る、四国八十八ヶ所の第四十二番霊場仏木寺《ぶつもくじ》の御詠歌《ごえいか》は、「草も木も仏になれる仏木寺なほ頼もしき鬼畜人天《きちくにんでん》」というものである。この歌を解釈すれば、「仏木寺の大日如来は、その功徳《くどく》によって草や木でさえも成仏させてしまうのであるから、ましてや、心をもつ餓鬼《がき》や畜生《ちくしょう》、人間や天《てん》人《にん》は、必ず悟りの世界へ導いてくださるであろう。頼もしいことよ」とでもなろうか。

大乗経典の『涅槃経《ねはんぎょう》』には、すべての人間が仏性《ぶっしょう》を具《そな》えているという意味の「一切衆生悉有仏性《いっさいしゅじょうしつうぶっしょう》」という言葉があり、のちにこれが発展して「一切衆生悉皆成仏《しっかいじょうぶつ》」といわれるようになった。さらに天台宗《てんだいしゅう》では、心をもたない無生物でも成仏するという「山川草木《さんせんそうもく》悉皆成仏」が唱えられた。

大師もまた同様に、『吽字義《うんじぎ》』の中で次のように述べている。

「草木また成《じょう》ず、何《いか》に況《いわん》や有情《うじょう》をや」

〈草や木さえも成仏するのであるから、まして心あるものが成仏するのは当然である〉

「法身の三密《さんみつ》は、纖芥《せんがい》に入《い》れども迮《せば》からず、大虚《だいこ》に亙《わた》れども寛《ひろ》からず。瓦石《がしゃく》草木を簡《えら》ばず、人天鬼畜を択《えら》ばず」

〈法身大日如来の身体と言語と精神の三つのはたらきは、あらゆる場所や物にゆきわたっていて、微細な塵《ちり》の中に入っても狭いということはなく、限りない虚空に広がっても広いということはない。それは、心をもたない瓦礫《がれき》や石ころ、草や木などをも区別せず、心を

もつ人間や天人、餓鬼や畜生などを選ぶこともない〉

仏木寺の御詠歌は、これらのフレーズからヒントを得て詠まれたものではないだろうか。

さらに、笠朝臣仲守《かさのあそんなかもり》という人物の亡き父親の追善《ついぜん》法要に際して大師が綴った「式部《しきぶ》の笠《かさ》の丞《しょう》が為の願文《がんもん》」(『性霊集』巻第六)においても、人間以外の動物や植物の成仏が、法要の功徳をゆき渡らせるべき対象として、以下のように述べられている。

「毛鱗角冠《もうりんかくかん》、蹄履尾裙《ていりびくん》、有情非情《うじょうひじょう》、動物植物、同じく平等の仏性を鑒《かんが》みて、忽《たちま》ちに不二《ふに》の大衍《だいえん》を証せん」

〈毛のあるもの、鱗《うろこ》のあるもの、頭に角《つの》のあるもの、足に蹄《ひづめ》のあるもの、尻尾《しっぽ》のあるもの、感情のあるものとないもの、動物と植物、すべてが等しく仏性を具《そな》えているのだから、それらがみな同じく、速やかに、二つとない大乗仏教の悟りの境地を獲得しますように〉

鳥獣や虫魚はもちろん、心をもつ有情と心をもたない非情、動物と植物、これら現実の世界に存在するありとあらゆるものが仏性を具えていて、菩提《ぼだい》すなわち悟りを得ることが可能であると、大師は断言する。これは、心をもつ有情のみが成仏できると考えるインドやチベットの仏教とは、一線を画するものである。

万物に命が宿る。自分、他者、自然、モノ、それらすべてを大切に、いとおしく思いながら生きていかなくてはなるまい。

2 心を見つめる

心は曼荼羅

悟りとは、ありのままに自分の心を知ることである。

これは、『大日経《だいにちきょう》』の「住心品《じゅうしんぼん》」に説かれる「如実知自心《にょじつちじしん》」と称される命題である。大師はこの命題に基づいて、人間の心のあり方を分析して十住心《じゅうじゅうしん》の思想（第五章の5参照）を構築し、晩年になって『秘密曼荼羅十住心論《ひみつまんだらじゅうじゅうしんろん》』や『秘蔵宝鑰《ひぞうほうやく》』を著した。

大師はまた、『般若心経秘鍵《はんにゃしんぎょうひけん》』の中で、次のように述べている。

「夫《そ》れ仏法遥《はる》かに非《あら》ず、心中《しんじゅう》にして即ち近し。真如《しんにょ》、外《げ》に非ず、身を奔《す》てて何《いか》んが求めん」

〈そもそも仏法は、遥か遠くにあるのではなく、近くも近く、心の中にあるのである。真理は、外部に求めるものではない。自分の中に見つけ出すものなのだ〉

つまり密教においては、みずからの心を洞察し、その本質を把握することが、「悟る」ということなのである。

仏教では、心を「心王《しんのう》」と「心数《しんじゅ》」にわけて考える。心王とは、心の主体であり、心数とは、それに付き従う心の作用である。心王は、心の全体を客観的に見渡して統御している理性、心数は、刹那《せつな》ごとに起こる欲求や感情、感覚などと理解してもよいであろうか。

大師は、心王がそのまま金剛界曼荼羅《こんごうかいまんだら》の中央に坐す大日如来《だいにちにょらい》であり、心数は、それを取り囲む眷属《けんぞく》(従者)としての聖衆《しょうじゅ》たちであると述べている。その一例が、『性霊集《しょうりょうしゅう》』巻第一に収められる「山に遊んで仙《せん》を慕《ねが》う詩」にある次の一節である。

「眷属は猶《なお》雨の如し　遮那《しゃな》は中央に坐《ましま》す　遮那は何誰《たれ》が号《な》ぞ　本是《もとこ》れ我が心王なり」

〈曼荼羅の諸尊は雨粒のように無量であり、その中央に毘盧遮那《びるしゃな》(大日如来)が坐している。毘盧遮那とはだれかといえば、それは自分の心そのものなのである〉

大師にとって悟りとは、自分の心を、仏の心に置き換えてしまうことを意味する。そうしてしまえば、刹那ごとに生じる心のはたらきも、すべて曼荼羅の諸尊に象徴される大日如来のさまざまな智慧《ちえ》や徳に変じると説くのである。

密教では、そのような心の転換を発菩提心《ほつぼだいしん》と呼ぶ。菩提心とは、悟りを求める心であり、悟りを本質とする仏の心でもある。それを発《お》こすことが発菩提心である。

では、菩提心とは具体的にどのような心なのか。大師は、密教の戒《かい》を解説した『三昧耶戒《さんまやかい》序《じょ》』において、龍猛菩薩《りゅうみょうぼさつ》の『菩提心論《ぼだいしんろん》』に説かれる行願《ぎょうがん》、勝義《しょうぎ》、三摩地《さんまじ》の三種の菩提心に、信心《しんじん》を加えた四種の菩提心を挙げている。

行願の菩提心とは、苦しみの世界にある衆生をあまねく救済しようと願い続ける慈悲の心である。勝義の菩提心とは、すべての存在が実体をもたないと知る心であり、自分の価値基準によって事物に優劣を設けない絶対的な平等の境地である。三摩地の菩提心とは、瑜伽《ゆが》の瞑想によって自身が仏であると自覚する心である。そして信心は、字のごとく、仏教を信じる心をいう。

「発心即菩提《ほっしんそくぼだい》」という言葉があるように、密教では、菩提心を発こせば即座に悟りの境地に至ることができると考えられており、また、菩提心を保つことこそが、堅固に遵守すべき戒であるとされる。

煩悩即菩提

釈尊《しゃくそん》は、「一切皆苦《いっさいかいく》」すなわち現世は苦しみに満ちていると説いた。そして、その苦しみの原因となるのが、煩悩《ぼんのう》である。煩悩の種類はさまざまであるが、貪《とん》（むさぼり）、瞋《じん》（いかり）、痴《ち》（おろかさ）の三毒《さんどく》煩悩に集約される。

それらの煩悩を断ずることこそが、安楽なる悟りの世界へ到達するための道であると説くのが一般の仏教であるが、人間の心にこびりついた煩悩は、簡単には洗い流せないのが現実である。そこで密教は、長い時間と労力を費やして煩悩を除くのではなく、煩悩に価値を認め、それを活用する方法を提唱した。特に、真言宗の常用経典である『理趣経《りしゅきょう》』が説く欲や怒りの肯定論は有名である。

大師は、「煩悩即菩提《ぼんのうそくぼだい》」といわれるその思想を、『秘密曼荼羅十住心論』巻第七および『秘蔵宝鑰』巻下の中で次のように取り上げている。

「生死《しょうじ》即ち涅槃《ねはん》なれば、更《さら》に階級無し。煩悩即ち菩提なれば、断証《だんしょう》を労《ろう》すること莫《な》し」

〈輪廻を繰り返す迷いの世界こそが、そのまま悟りの世界であるので、よりよい世界などはない。煩悩こそが悟りにほかならないのであるから、苦労して煩悩を断ち切って悟ろうとする必要はない〉

ただし、大師は煩悩をそのまま肯定し、思うままに行動せよといっているわけではない。煩悩を活かすためには、大きな思考の転換が必要とされる。自己へのこだわりや恣意的な価値観、それらの原因となる自我そのものを離れた「大空《だいくう》」の境地に立脚してこそ、迷いの世界が悟りの世界に転じ、エゴイズムに基づく小さな煩悩が、他者を救済し、生きとし生けるものすべての幸福を実現させるための原動力へと昇華されるのである。

大師はそのメカニズムを、『梵網経開題《ぼんもうきょうかいだい》』の中で、次のように説明している。

「一切の無明《むみょう》煩悩、大空三昧《だいくうざんまい》に入れば、則《すなわ》ち都《すべ》て所有《しょう》無し。一切の塵垢《じんく》を即ち財《ざい》と為す」

〈あらゆる無知や煩悩は、空《くう》を理解する大いなる境地に心を置けば、すべてその存在を失い、あらゆる心の塵《ちり》や垢《あか》が、価値ある財宝となる〉

究極の自由

中観《ちゅうがん》、唯識《ゆいしき》、如来蔵《にょらいぞう》など、密教は、大乗仏教のさまざまな思想を取り入れながら発展してきた。先の「大空三昧」は、そのうちの中観の思想に基づく悟りの境地である。

われわれは、自分勝手な概念によって、個々の存在に価値や意義を与えている。それを一度リセットして、さまざまな執着《しゅうじゃく》(とらわれやこだわり)から解放されることが、「一切皆空《いっさいかいくう》」を悟るということであるが、大空の境地とは、その「空《くう》」にもとらわれない、究極の自由である。大師はこの大空の境地について、『秘密曼荼羅十住心論』巻第七において、次のようにいう。

「大空は則《すなわ》ち大自在《だいじざい》なり。大自在は則ち大我《だいが》なり」

〈大空の境地に達した者は、大いなる自由自在な世界を得ることができる。自我にとらわれない自由自在な世界を得た者は、大いなる自分をもっている〉

空の理論を突き詰め、自我を放棄したその先には、虚無なる世界が広がっているのではなく、大いなる自分、絶対なる自分である「大我《だいが》」が現れてくるという。それは、生や死を含めたあらゆる現象をありのままに受け止める大らかな自己であり、見返りや理由を求めることのない衆生救済への積極性を本質とする自己である。

そして大師は、この大いなる自分こそが、大日如来にほかならないと明言する。

「毘盧遮那《びるしゃな》を則ち大我と名づく。我《が》は則ち大自在の義なり」

〈毘盧遮那（大日如来）のことを大いなる自分というのである。この場合の自分とは、大空の境地にある、自由自在な存在を意味する〉（『大日経開題《だいにちきょうかいだい》』）

今の社会では、自分の権利を主張し、自己の存在や思想を、他者に対して知らしめ、認識させることこそが自由だと思い込んでいることがある。ブログやツイート、インスタグラムなどが急速に拡大しているのは、その一つの象徴といえよう。しかし、本当の自由なる世界は、自己主張とはまったく逆の方向に開かれているのである。

3　他者を思いやる

大師が大切にした言葉に、「三句《さんく》の法門《ほうもん》」と呼ばれる短い一文がある。それは、『大日経《だいにちきょう》』の「住心品《じゅうしんぼん》」に、仏の智慧《ちえ》とは何か、という問いの答えとして、次のように説かれている。

三句の法門

「菩提心《ぼだいしん》を因《いん》とし、大悲《だいひ》を根《こん》とし、方便《ほうべん》を究竟《くきょう》とす」

〈菩提心を原因とし、憐《あわ》れみの心を根本とし、衆生《しゅじょう》救済の実践を究極の目的とする〉

なお大師は、この三句の法門について、

「若《も》し、広《こう》を摂《せっ》して略《りゃく》に就き、末《まつ》を摂して本《ほん》に帰すれば、則《すなわ》ち一切の教義、この三句に過ぎず」

〈広大なものをまとめて要略し、枝葉末節を集めて根本に立ち返れば、諸々の経典や論書《ろんじょ》に説かれているあらゆる仏の教えは、この三句の中に言い尽くされていて、それを超えるものではない〉(『吽字義《うんじぎ》』)

と述べ、密教のみならず、仏教全体のエッセンスであると考えている。

そのはじめにある「菩提心」の語は、一般の仏教では「悟りを求める心」という意味で用いられるが、密教ではさらに、一人ひとりの人間が生まれつき具《そな》えている、「悟りを本質とする心」であるとも見る。専門的な用語では、前者を「能求《のうぐ》の菩提心」、後者を「所求《しょぐ》の菩提心」という。

そして、自身が法身大日如来《ほっしんだいにちにょらい》にほかならない大いなる存在であると知覚し、自分へのこだわりである「自我」を捨ててしまえば、その所求の菩提心が本来の輝きを取り戻し、悟りの智慧となって光明を放ち始める。

しかし、それで終わりとしないのが密教の立場である。その光明を慈悲の力に変え、慈悲を原動力として、他者の幸福のために実際に活動することが究極の目的であると、三句の法門は表明している。

その理念を、身をもって実行したのが大師であった。満濃池《まんのういけ》の修築や、綜芸種智院《しゅげいしゅちいん》の創設はその一端であり、大師は常に民衆を思いながら、現世を生きた。

大師は法身として永遠の生命を保ち、衆生を救済し続けているという入定《にゅうじょう》信仰は、千年以上のときを超えて現在もなお盛んであり、多くの日本人が大師を慕って高野山や四国の霊場を訪れる。その理由は、大師の世に希《まれ》にみる才能だけにではなく、衆生救済を願い続けた、そのような生き方にあるといってよいであろう。

三心平等

大師の密教布教の嚆矢《こうし》となった、いわゆる「勧縁疏《かんえんのしょ》」には、師の恵果和尚《けいかかしょう》の言葉として、「三心平等《さんじんびょうどう》」という、数学の証明のような理論が紹介されている。

「若《も》し自心《じしん》を知るは即ち仏心《ぶっしん》を知るなり。仏心を知るは即ち衆生の心を知るなり。三心平等なりと知るを即ち大覚《だいかく》と名づく」

〈自分の心を知ることが、仏の心を知るということである。仏の心を知るということは、衆生(自分以外の他者)の心を理解することである。自分、仏、衆生、これら三者の心が同じであると知ったとき、その者は悟った者となる〉

この理論の基盤は、『大日経』に説かれる「如実知自心《にょじつちじしん》」や、『華厳経《けごんぎょう》』に説かれる「心、仏、衆生の無差別《むしゃべつ》」の思想にあるとされているが、大師はさらに、『即身成仏義《そくしんじょうぶつぎ》』や『法華経開題《ほけきょうかいだい》』の中で、心のみならず、自分と仏と衆生の身体もまた平等であると述べている。

自分の心の中に菩提心としての仏性《ぶっしょう》があるように、他者にも同様に仏性が具わっている。また、ともに六大《ろくだい》から構成される法身と自己の身体が同質であるように（第五章の3参照）、他者の身体もまた、六大から生じているということにおいて法身と同質である。これらの法則に従えば、自分も他者も仏にほかならず、平等に尊い存在なのである。

また一方で、現実に目を向けてみると、すべての生きとし生けるものは、それぞれが何がしかの幸福を求めて健気《けなげ》に生命活動を営んでおり、幸福になる権利をもっている。そういった意味でも、命あるものはみな、平等である。

まずは、自分という存在を客観的に見つめ、みずからの心を把握し、そして、他者を自分に置き換えて、他者の思いを理解する。それができる人こそが、仏にほかならない。「三心平等」という言葉は、大宇宙の法則と同時に、そのような教訓を私たちに示している。

慈悲の心

三句の法門にある「大悲」の「悲《ひ》」とは、サンスクリット語のカルナー（karuṇā）の訳語であり、「あわれみ」を意味する。大乗仏教では、「いつくしみ」を意味する

「慈《じ》」と併せて「慈悲《じひ》」といい、あらゆる衆生に対してその心をもち続けることが、修行者の必須の課題とされている。密教においても、その姿勢に変わりはない。

大師も多くの著作の中で慈悲の重要性を指摘しているが、『秘蔵宝鑰《ひぞうほうやく》』巻中では、端的に次のように述べている。

「菩薩《ぼさつ》の用心《ようじん》は皆、慈悲を以《もっ》て本《もと》とし、利他《りた》を以て先《さき》とす」

〈菩薩が何かを思い行動を起こすときは、すべて慈悲を基本とし、他者の利益を優先する〉

他者を先にし、自分を後にする。慈悲に裏打ちされたこの自己犠牲の精神こそが、菩薩として生きる者の基本姿勢である。

しかし、慈悲の心に、決して分け隔てがあってはならない。以下は、天長四(八二七)年に淳和《じゅんな》天皇が開催した雨乞いの法要に際して大師がしたためた「天長皇帝、大極殿《だいごくでん》に於《し》て百僧を屈して雩《あまごい》する願文《がんもん》」(『性霊集《しょうりょうしゅう》』巻第六)の中にある言葉である。

「仏心《ぶっしん》は、慈と悲となり。大慈《だいじ》は則ち楽を与え、大悲《だいひ》は則ち苦を抜く。抜苦《ばっく》は軽重《けいじゅう》を問うこと無く、与楽《よらく》は親疎《しんそ》を論ぜず」

〈仏の心とは、慈悲の心である。大いなる慈《いつく》しみは衆生に楽を与え、大いなる憐れみは苦

しみを取り除く。分け隔てなく、どんな苦しみでも取り除き、誰にでも楽を与える〉

大師はここで、他者に楽を与え、他者の苦しみを取り除くこと、すなわち「抜苦与楽《ばっくよらく》」が慈悲であると定義するが、さらに、その行為に条件があってはならないと釘《くぎ》をさす。

抜苦では、その苦しみの程度を問うてはならない。どんな深刻な苦しみでも、どんな些細な苦しみでも、喜んで自分が引き受ける。それが、本物の大悲である。

与楽では、その対象を限定してはならない。好む者であれ、嫌いな者であれ、味方であれ、敵であれ、すべての者の幸福を心から願えること。それが、本物の大慈である。

密教は一見、閉鎖的で個人的な宗教のように思われるが、慈悲を基本とする大乗仏教の精神を根幹とし、衆生救済を最終的な目的とする、きわめて社会に即した宗教であるといえる。

コラム6　大師の護国思想

毎年、正月の八日から十四日にかけての七日間、真言宗を代表する高僧たちが京都の東寺《とうじ》に参集し、曼荼羅《まんだら》を掲げて、壇《だん》を築き、鎮護国家の修法《しゅほう》をおこなう。後七日御修法《ごしちにちみしほ》と呼ばれるこの厳《ごん》儀《ぎ》は、承和元(八三四)年に大師によって始められた(第一章の5参照)。

密教の修法による国家の擁護を本格的にはじめたのは、真言第六祖の不空三蔵《ふくうさんぞう》である。三蔵は、唐の天宝十四(七五五)年に起こった安禄山《あんろくざん》の乱に接して逆賊鎮圧の法を修し、反乱が収まると、玄宗《げんそう》皇帝の跡を継いだ粛宗《しゅくそう》皇帝から厚い信頼を得て、密教を国家宗教として唐王朝に根づかせることに成功した。

不空三蔵の鎮護国家の思想は、真言第七祖の恵果和尚《けいかかしょう》を経て大師に継承された。唐の長安《ちょうあん》で、大師が遣唐判官《けんとうはんがん》の高階遠成《たかしなのとおなり》に早期の帰国を申請した際の書状「本国の使《つかい》に与えて共《とも》に帰らんことを請《こ》う啓《けい》」(『性霊集』巻第五)には、

「此の法は則ち仏の心、国の鎮《しずめ》なり。氛《わざわい》を攘《はら》い、祉《さいわい》を招くの摩尼《まに》」

〈密教は、仏の教えの真髄であり、国を鎮める法門である。災難を除き去り、幸福をもたらす最高の宝である〉

と、密教がもつ鎮護国家の効能が強調して述べられている。

帰朝から三年を経た大同四(八〇九)年、入京が許されて高雄山寺《たかおさんじ》に入った大師は、間髪を容れず、いずれも不空三蔵が翻訳した護国経典である『仁王経《にんのうきょう》』、『守護国界主陀羅尼経《しゅごこっかいしゅだらにきょう》』、『孔雀王母経《くじゃくおうもきょう》』による、鎮護国家の修法を嵯峨《さが》天皇に申し出ている。伝説では、それを皮切りに、大師は生

涯において五十一回の鎮護国家の修法をおこなったといわれている。

それでは、大師にとっての国家とはどのようなものであったか。その答えが、『仁王経開題《にんのうきょうかいだい》』の末尾に、次のように記されている。

「有情世間《うじょうせけん》及び器世間《きせけん》を合して名づけて国と為す。般若《はんにゃ》は能《よ》くこの二世間を護って、災《わざわい》を攘《はら》い、福を招くが故に護国と名づく」

〈そこに暮らす生き物と、国土としての環境を合わせて国という。『仁王般若波羅蜜経』（『仁王経』の正式なタイトル）の功徳《くどく》は、それら両方を守護し、災害を除き、幸福をもたらすので「護国」と名づける〉

大師にとって鎮護国家とは、すべての生きとし生けるものの安穏《あんのん》を実現することであった。

おわりに――大師に出会える場所

高野山は標高九〇〇メートルの山上の盆地に開けた、東西に細長い宗教都市である。東の端には大師が入定留身《にゅうじょうるしん》する奥之院《おくのいん》があり、西の端には、大師が諸堂の配置をデザインした壇場伽藍《だんじょうがらん》があり、それら両極が、高野山の二つの中心となっている。

高野山奥之院

大師が座禅を続ける奥之院へは、約二キロメートルの石畳の参道が続く。参道沿いに聳《そび》える杉の大木と、二十万基ともいわれる墓石群は、ここが「天下の霊場」あるいは「日本の総菩提《そうぼだい》所《しょ》」といわれる聖地であることを、参拝の者にひしひしと感じさせる。これらの墓石は、千年以上にわたって、日本人が大師を慕い、死後の安楽を大師に託してきた一つの証《あかし》であり、その数は現在もなお増え続けている。

参道のスタート地点には「一の橋」、中間地点には「中の橋」、そして、大師の御廟《ごびょう》の近くを流れる玉川《たまがわ》には「御廟橋《みみょうのはし》」が架かる。これら三つの橋を一つずつ渡っていくごとに霊気の密度が増し、徐々に緊張感が高まる。

御廟橋の手前には、御供所《ごくしょ》といわれる大きな堂宇《どうう》が建っている。御供所は、大師に供する毎日の食事(生身供《しょうじんぐ》)を調理するための、いわばキッチンである。その一角には納経所《のうきょうしょ》が併設されていて、四国八十八ヶ所霊場を巡り終えたお遍路さんは、大師の御廟でお礼参りを済ませたのち、ここで最後の御朱印《ごしゅいん》を受ける習いである。

大師に食事が提供されるのは、朝と昼の二回である。夕ご飯がないのは、僧侶が守るべき戒律で、正午を過ぎての食事が禁じられているからである。ただし、午後のひととき、喫茶のための茶菓が大師の許《もと》へ運ばれることもある。

午前六時と午前十時半、定時になると御供所の木戸が開き、維那《ゆいな》と呼ばれる大師の給仕を務める高僧が、大きな白木の櫃《ひつ》を担いだ二人の従者の僧を従えて現れる。まず、御供所の隣にある嘗試地蔵《あじみじぞう》に櫃の中を見せ、毒味の作法がおこなわれる。そして、温かい食事が冷めてしまわないように、櫃は足早に御廟の拝殿である燈籠堂《とうろうどう》へ運ばれ、料理が器によそわれて大師の宝前《ほうぜん》へ供えられる。

ご飯と汁を中心に、季節の野菜を調理した精進《しょうじん》料理が数品添えられるが、たまにはカレーやシチュー、パスタなどの洋食のメニューも用意される。

一方、壇場伽藍の御影堂《みえどう》には、第三章で見たように、大師の高弟の一人である真如《しんにょ》親王《しんのう》が描いたとされる大師の御影《みえ》(肖像画)が奉安されている。

御影堂

御影堂の内部は、外陣《げじん》、内陣《ないじん》、内々陣《ないないじん》の三重の区画にわかれており、御影が掲げられているのは、一番奥の内々陣である。十数年に一度開催される学修灌頂《がくしゅかんじょう》の儀式に際して、灌頂の受者《じゅしゃ》のみがそこに入ることが許され、御影を実見する機会を与えられる。学修灌頂に受者として参加できるのは、伝統的に定められた学問の課程を修了した高僧のみであるが、対面の瞬間、受者たちはみな、感極まって涙を流す。

内陣に入ることができるのは、研鑽を積んで上綱《じょうごう》と呼ばれる階位に達した学僧たちである。上綱たちは交替で、毎日欠かすことなく御影堂の内陣に進み、大師に供養の修法《しゅほう》を捧げる決まりになっている。内陣には、大師の本地《ほんじ》(本体)とされる弥勒菩薩《みろくぼさつ》を中心に描いた弥勒曼荼羅《みろくまんだら》が掲げられていて、大師を弥勒菩薩そのものと見て、祈りが捧げられる。

大師が入定した日にあたる旧暦の三月二十一日には、御影堂で旧正御影供《きゅうしょうみえく》の法要が華やかに開催されるが、その前夜の御逮夜法会《おたいやほうえ》においてのみ、一般信者の外陣への立ち入りが許可され、内陣の外壁に描かれた、大師の十大弟子(コラム5参照)と、高野山の造営を大師から引き継いだ真然大徳《しんぜんだいとく》、そして、平安時代末に荒廃した高野山を復興した祈親上人《きしんしょうにん》の画像を拝むことができる。

場所を京都に移そう。

東寺の弘法市

広大な東寺《とうじ》の境内の「西院《さいいん》」と呼ばれる区画に、大師を祀る御影堂が建つ。大師の住房《じゅうぼう》(住居)であったとされる住宅風の建物で、高野山のそれとは趣が異なる。

御影堂の南面の部屋(後堂《うしろどう》)には、大師が日々祈りを捧げていたといわれる、国宝で秘仏の不《ふ》動明王像《どうみょうおう》が安置されている。この不動明王像は霊験あらたかで、大師が入定するために高野山へ向かおうとしたとき、門前まで歩き出て見送ったという伝説がある。その門を蓮華門《れんげもん》という。そして北面の部屋(前堂《まえどう》)が、大師を祀《まつ》り、供養《くよう》するスペースである。

御影堂では、毎朝六時から、大師に膳を供える法要が執りおこなわれ、だれでも自由に参加することができる。法要が終われば、参拝者は一人ひとり、大師が唐より持ち帰った仏舎利《ぶっしゃり》を頭と両手にそっと載せてもらい、その功徳《くどく》を授かる。

なお東寺の呼び物の一つに、毎月、大師の縁日である二十一日に開催される弘法市《こうぼういち》がある。境内の広場という広場が、昔懐かしい食べ物や、骨董品や古着などを売る露店で埋め尽くされ、それらを目当てに大勢の人が詰めかける。最近では外国人観光客にも人気のスポットとなっている。

とりわけ、師走の「終《しま》い弘法」は、おせち料理の食材や縁起物の盆栽など、正月支度のための品を扱う店が軒を連ね、いっそうの賑わいを見せる。

信仰と離れた、人々の普段の生活やアミューズメントの中にも、大師は生きているのである。

関東三大師　関東にも、大師に出会うことができる霊場がいくつかある。神奈川県川崎市にある平間寺《へいけんじ》(川崎大師)、東京都足立区にある總持寺《そうじじ》(西新井大師)、千葉県香取市にある観福寺《かんぷくじ》は、関東三大師と称され、知名度が高い。

中でも有名なのが、全国でも第三位の初詣の参拝者数を誇る、平間寺である。

平間寺の歴史は、今から九百年ほど前に始まる。平間《ひらま》兼乗《かねのり》という武士が無実の罪で国を追われ、川崎の地に住み着き、細々と漁を営んでいた。兼乗は仏教に深く帰依《きえ》し、弘法大師を篤く信仰していたが、四十二歳の厄年のときに大師が夢枕に立ち、「唐の国で自分の像を刻み、海に流したので、それを引き上げて祀るように」と告げた。兼乗が海に出ると、夢告のとおり海底に光り輝くものがあり、網を打つと、大師の像がかかっていた。

兼乗は大師像を日々丁重に供養していたが、たまたま立ち寄った高野山の尊賢上人《そんけんしょうにん》がそのいきさつを聞いて感激し、二人で力を合わせ、大治三(一一二八)年に一寺《いちじ》を建立したという。これが、平間寺の起こりである。無論、その寺名は平間兼乗の名字にちなむ。

以来、平間寺は「厄除け大師」として人々の信仰を集めるようになり、現在では、真言宗智《ち》山派《さんは》の大本山として、大師の霊像を安置する大本堂をはじめ、多数の堂塔が、荘厳に建ち並んでいる。

最北端の大師霊場

北海道の稚内《わっかない》に、日本最北端を名乗る大師の霊場がある。高野山真言宗に属する、高野山真言寺《こうやさんしんごんじ》がそれであり、この寺の御詠歌《ごえいか》には「日《ひ》の本《もと》の最北護《まも》る真言寺氷雪に耐え春を待つなむ」と詠われている。

真言寺は、大正二(一九一三)年に伊藤智教《いとうちきょう》という尼僧によって、和歌山の高野山に本部を置く大師教会の稚内支部として開創《かいそう》された。JR宗谷本線の終点である稚内駅の近くに位置し、朱塗りの新しい本堂が印象的である。

境内には小川が流れていて、欄干《らんかん》を具《そな》えた小さな橋が架けられている。稚内の地名の語源となったアイヌ語のヤムワッカナイとは、「冷たくきれいな水のある川」を意味し、それは、まさにこの小川を指すという。真言寺の案内板によれば、小川の水は地元の人々の生活用水として重宝されたのみならず、かつては稚内港を出る船舶に、飲料水として積み込まれたという。

その昔、真言寺が建つこの地域は、アイヌの人々から「シリクラエンルン」すなわち「もののけが住む場所」として恐れられていたといわれる。真言寺を開創した智教尼は、もののけたちを鎮めるために、大師をここに祀ったという。

なお、日本最南端の大師霊場を探し当てるのは、今後の課題にしておこう。

再び四国へ

再び、四国の地に立つ。四国はやはり大師の本拠地であり、多くのお遍路さんが、四国に足を踏み入れた瞬間、大師の息吹を感じるという。

八十八ヶ所の霊場寺院の大師堂には、それぞれ表情豊かな大師の像が祀られており、遍路修行者を出迎えてくれる。

大師の誕生所である善通寺《ぜんつうじ》の御影堂の地下には、約一〇〇メートルの通路が設けられており、「戒壇巡り《かいだんめぐり》」と称して、お遍路さんたちはその真っ暗な道を、「南無大師遍照金剛《なむだいしへんじょうこんごう》」の御宝号《ごほうごう》を唱えつつ、壁を触りながら手探りで進む。進んだ奥には、ぼうと灯った明かりの中に大師の像が祀られていて、そこではなんと、日本音響研究所によって復元された「大師の肉声」による法話を聴くことができる。

ただし、大師に出会えるのは、霊場寺院の立派なお堂の中だけではない。霊場と霊場をつなぐ遍路《へんろ》道《みち》沿いの各所には、小さな大師堂がいくつも建っていて、その中に祀られた小さな小さな大師像が、地域の人々や、過ぎ行く遍路修行者たちを見守っている。

筆者が住職を務める高知県の第二十八番霊場大日寺《だいにちじ》と、隣の第二十九番霊場国分寺《こくぶんじ》をつなぐ遍路道のちょうど中間にも、地区の名にちなんで松本大師堂《まつもとだいしどう》と呼ばれる古い大師堂がある。この大師堂は、老朽化によって今にも倒れそうになっていたが、数年前に地元の人々が協力して再建し、お遍路さんが休憩するための立派な遍路小屋も併設された。そこでは常にお接待《せったい》がおこなわれていて、地元の人々と遍路修行者たちの触れ合いの場にもなっている。

その松本大師堂の世話人の一人であり、自身も豊富な遍路経験をもつ女性が発した、「お大師さまは、道におられる」という言葉が、今でも印象的に思い出される。

弘法大師空海略年譜

和暦	西暦	年齢	主な事跡
宝亀五	七七四	1	讃岐国多度郡に誕生。父は佐伯直田公、母は阿刀氏の女。幼名は真魚。
延暦七	七八八	15	このころ、舅の阿刀大足について漢籍を学ぶ。
十	七九一	18	大学明経科に入学。岡田牛養、味酒浄成らについて『尚書』、『毛詩』、『春秋左氏伝』などを学ぶ。 このころ、一沙門より虚空蔵求聞持法を授かり、阿波の「大瀧嶽」、土佐の「室戸崎」などで修行する。
十六	七九七	24	〈十二月一日〉『聾瞽指帰』を著す。のちに改訂して『三教指帰』とする。
二十三	八〇四	31	〈四月七日〉一説に、出家得度。〈四月九日〉一説に、東大寺戒壇院において具足戒を受ける。〈五月十二日〉遣唐大使藤原葛野麻呂とともに遣唐使の第一船に乗り、入唐の途につく。〈七月六日〉肥前国田浦を出航、〈八月十日〉福州長渓県赤岸鎮に漂着、〈十二月二十三日〉長安に到着する。
二十四	八〇五	32	〈二月十一日〉藤原葛野麻呂らが帰国の途につき、西明寺に移る。以後、醴泉寺

			に般若三蔵、牟尼室利三蔵を訪ねて梵語などを学ぶ。〈六月上旬〉青龍寺において恵果和尚より胎蔵の灌頂を授かる。〈七月上旬〉金剛界の灌頂を授かる。〈八月上旬〉伝法阿闍梨位の灌頂を授かる。〈十二月十五日〉恵果和尚が遷化。
大同元	八〇六	33	〈一月十七日〉恵果和尚を顕彰する碑文を草する。〈八月〉高階遠成らと明州を発ち、帰国の途につく。帰国後、九州の大宰府に留まる。〈十月二十二日〉高階遠成に託して『請来目録』を進献する。
二	八〇七	34	〈二月十一日〉大宰府にて、太宰少弐の亡き母の追善法要を営む。
四	八〇九	36	〈七月十六日〉和泉国から平安京への入住が許可される。〈八月二十四日〉最澄より密教経典十二部の借覧を請われる。〈十月三日〉嵯峨天皇の勅により、『世説新語』の屏風を書いて進献する。
弘仁元	八一〇	37	〈十月二十七日〉高雄山寺において『仁王経』、『守護国界主経』、『仏母明王経』などにより国家のために修法することを請う。
二	八一一	38	〈二月十四日〉最澄より真言法門の授法を請われる。〈十月二十七日〉山城国乙訓寺の別当に補せられる。
三	八一二	39	〈六月七日〉狸毛筆四管を嵯峨天皇に進献する。〈十月二十七日〉乙訓寺において、最澄に灌頂を授けることを約束する。〈十一月十五日〉高雄山寺において金剛界の結縁灌頂を開壇する。〈十二月十四日〉胎蔵の結縁灌頂を開壇する。〈十二月〉高雄山寺に三綱を置く。

四	八一三	40	〈三月六日〉高雄山寺において、最澄の高弟であった泰範、円澄、光定らに金剛界の灌頂を授ける。〈十一月〉最澄の『理趣釈経』借覧の求めを断る。
五	八一四	41	〈閏七月八日〉『梵字悉曇字母並釈義』、『古今篆隷文体』を嵯峨天皇に進献する。
六	八一五	42	〈四月一日〉いわゆる「勧縁疏」を撰し、弟子を各地に遣わして密教経典の書写を有縁の人々に依頼する。このころ、『弁顕密二教論』を著す。伝承では、この年に四国八十八ヶ所霊場を開創する。
七	八一六	43	〈六月十九日〉修禅の道場を建立するために高野山の下賜を請う。〈七月八日〉勅許があり、高野山を賜る。〈十月〉嵯峨天皇の病気平癒を祈る。
八	八一七	44	この年、実恵、泰範などを遣わして高野山の開創に着手する。
九	八一八	45	〈十一月中旬〉勅許後はじめて高野山に登る。
十	八一九	46	このころ、『秘密曼荼羅教付法伝』および、『即身成仏義』、『声字実相義』、『吽字義』の三部書を著す。
十一	八二〇	47	〈五月〉『文鏡秘府論』を抄録して『文筆眼心抄』を撰する。〈十月二十日〉伝燈大法師に叙せられ、内供奉十禅師に任ぜられる。
十二	八二一	48	〈五月二十七日〉讃岐国満濃池の修築別当に補せられる。〈九月七日〉両部曼荼羅や祖師影など二十六鋪を制作し、開眼供養する。また、故藤原葛野麻呂の追善法要を営む。

十三	八二二	49	〈二月十一日〉東大寺に灌頂道場として真言院を建立するよう命を受ける。一説に、この年、平城上皇に灌頂を授ける。
十四	八二三	50	〈一月十九日〉一説に、東寺を預けられる。〈十月十日〉『真言宗所学経律論目録』を進献し、東寺に真言僧五十人を常住させる。
天長元	八二四	51	〈二月〉一説に、神泉苑において請雨経法を修す。〈三月二十六日〉少僧都に任ぜられる。〈四月六日〉上奏して少僧都を辞する。〈六月十六日〉造東寺別当に補せられる。〈九月二十七日〉高雄山寺が定額寺となり、神護国祚真言寺と改称する。
二	八二五	52	〈四月二十日〉東寺講堂の建立に着手する。〈九月二十五日〉「大和州益田池碑銘」を書く。
四	八二七	54	〈五月二十六日〉内裏において祈雨法を修す。〈五月二十八日〉大僧都に任ぜられる。
五	八二八	55	〈三月十一日〉一説に、摂津国大輪田造船瀬所別当に補せられる。〈十二月十五日〉綜芸種智院を創設する。このころ、『篆隷万象名義』を撰する（一説には弘仁のはじめ）。
六	八二九	56	〈十一月五日〉一説に、大安寺別当に補せられる。この年、神護寺（高雄山寺）を付嘱される。
七	八三〇	57	この年、勅により『秘密曼荼羅十住心論』および『秘蔵宝鑰』を著す。
八	八三一	58	〈六月十四日〉病を理由に大僧都を辞することを請うが許されず。

九	八三二	59	〈八月二十二日〉高野山において万燈万華会を営む。
承和元	八三四	61	〈八月二十三日〉高野山に仏塔二基および両部曼荼羅を建立するために勧進する。〈十二月十九日〉宮中の真言院において真言法(後七日御修法)をおこなうことを上奏する。〈十二月二十四日〉東寺に三綱が選任される。〈十二月二十九日〉後七日御修法の勅許が下る。
二	八三五	62	〈一月二十二日〉真言宗に年分度者三人を賜る。〈二月三十日〉金剛峯寺が定額寺となる。〈三月二十一日〉高野山において入定。
天安元	八五七		〈十月二十二日〉真済の奏請により、大僧正を追贈される。
延喜二十一	九二一		〈十月二十七日〉観賢の奏請により、弘法大師の諡号を下賜される。

主要参考文献

著作全集

長谷宝秀編『弘法大師全集』八巻〈増補三版〉、高野山大学密教文化研究所、一九六七～六八
勝又俊教編『弘法大師著作全集』三巻、山喜房佛書林、一九六八～七三
弘法大師空海全集編輯委員会編『弘法大師空海全集』八巻、筑摩書房、一九八三～八六
弘法大師著作研究会編『定本弘法大師全集』十巻・首巻、高野山大学密教文化研究所、一九九一～九七

全体に関するもの

高野山大学選書刊行会編『現代に生きる空海』(高野山大学選書5)、小学館スクウェア、二〇〇六
小峰彌彦編著『空海 読み解き事典』柏書房、二〇一四
静慈圓編『弘法大師空海と唐代密教』法藏館、二〇〇五
篠原資明『空海と日本思想』(岩波新書)、岩波書店、二〇一二
高木訷元・岡村圭真編『密教の聖者 空海』(日本の名僧4)、吉川弘文館、二〇〇三
高村薫『空海』新潮社、二〇一五

立川武蔵・頼富本宏編『日本密教』(シリーズ密教4)、春秋社、二〇〇〇
羽毛田義人著・阿部龍一訳『空海密教』春秋社、一九九六
宮坂宥勝『空海 生涯と思想』筑摩書房、一九八四
宮坂宥勝編『思想読本 空海』法藏館、一九八二
和多秀乗・高木訷元編『空海』(日本名僧論集3)、吉川弘文館、一九八二
和多秀乗・高木訷元編『弘法大師と真言宗』(日本仏教宗史論集4)、吉川弘文館、一九八四

第一章 生涯を辿る

上山春平『空海』(朝日評伝選24)、朝日新聞社、一九八一
櫛田良洪『空海の研究』山喜房佛書林、一九八一
高木訷元『弘法大師の書簡』法藏館、一九八一
高木訷元『空海入門 本源への回帰』法藏館、一九九〇
高木訷元『空海 生涯とその周辺』吉川弘文館、一九九七
高木訷元『空海と最澄の手紙』法藏館、一九九九
武内孝善『弘法大師空海の研究』吉川弘文館、二〇〇六
武内孝善『空海伝の研究 後半生の軌跡と思想』吉川弘文館、二〇一五

武内孝善『空海はいかにして空海となったか』(角川選書)、角川学芸出版、二〇一五
竹内信夫『空海入門 弘仁のモダニスト』(ちくま新書)、筑摩書房、一九九七
長谷宝秀編『弘法大師伝全集』十巻〈復刻〉、ピタカ、一九七七
松長有慶『空海 無限を生きる』(高僧伝4)、集英社、一九八五
松長有慶『大宇宙に生きる 空海』(中公文庫)、中央公論新社、二〇〇九
頼富本宏『空海と密教 「情報」と「癒し」の扉をひらく』〈新版〉、PHP研究所、二〇一五
渡辺照宏・宮坂宥勝『沙門空海』(ちくま学芸文庫)、筑摩書房、一九九三

第二章 霊跡を巡る

浅井證善『へんろ功徳記と巡拝習俗』朱鷺書房、二〇〇四
川崎一洋『四国「弘法大師の霊跡」巡り』セルバ出版、二〇一二
白木利幸『四国遍路道 弘法大師伝説を巡る』淡交社、二〇一四
武田和昭『四国辺路の形成過程』岩田書院、二〇一二
三浦章夫編『弘法大師伝記集覧』〈増補再版〉、高野山大学密教文化研究所、一九七〇
守山聖真『文化史上より見たる弘法大師伝』〈再版〉、国書刊行会、一九九〇
頼富本宏『四国遍路とはなにか』(角川選書)、角川学芸出版、二〇〇九

頼富本宏・白木利幸『四国遍路の研究』(日文研叢書23)、国際日本文化研究センター、二〇〇一

第三章　姿をイメージする

小松茂美編『弘法大師行状絵詞　上』(続日本の絵巻10)、中央公論社、一九九〇
小松茂美編『弘法大師行状絵詞　下』(続日本の絵巻11)、中央公論社、一九九〇
武内孝善『弘法大師　伝承と史実　絵伝を読み解く』朱鷺書房、二〇〇八
日野西眞定『高野山信仰史の研究』(日本宗教民俗学叢書8)、岩田書院、二〇一六
水原尭栄『弘法大師影像図考』丙午出版社、一九二五
山路天酬『弘法大師御影の秘密』青山社、二〇一一

第四章　芸術に触れる

木本南邨『弘法大師空海　人と書』朱鷺書房、二〇〇三
佐和隆研『空海とその美術』朝日新聞社、一九八四
佐和隆研・中田勇次郎編『弘法大師真蹟集成　縮刷版』二巻、法藏館、一九七九
高橋尚夫・野口圭也・大塚伸夫編『空海とインド中期密教』春秋社、二〇一六
中田勇次郎『書聖空海』法藏館、一九八二

東寺創建一千二百年記念出版編纂委員会編『新東宝記　東寺の歴史と美術』東京美術、一九九六
松長有慶『密教　インドから日本への伝承』（中公文庫）、中央公論新社、二〇〇一
松長有慶『高野山』（岩波新書）、岩波書店、二〇一四
正木晃『空海と密教美術』（角川選書）、角川学芸出版、二〇一二
山田耕二『高野山』（日本の古寺美術9）、保育社、一九八六
山田耕二・宮治昭『東寺』（日本の古寺美術12）、保育社、一九八八

第五章　著作を読む
第六章　言葉に学ぶ

大澤聖寛『空海思想の研究』山喜房佛書林、二〇一三
加藤精一『弘法大師思想論』春秋社、二〇〇二
勝又俊教『弘法大師の思想とその源流』山喜房佛書林、一九八一
勝又俊教『秘蔵宝鑰　般若心経秘鍵』（仏典講座32）、大蔵出版、一九七七
加藤純隆・加藤精一訳『空海　三教指帰』（角川ソフィア文庫）、角川学芸出版、二〇〇七
加藤純隆・加藤精一訳『空海　秘蔵宝鑰』（角川ソフィア文庫）、角川学芸出版、二〇一〇
加藤精一編『空海　般若心経秘鍵』（角川ソフィア文庫）、角川学芸出版、二〇一一

加藤精一編『空海「即身成仏義」「声字実相義」「吽字義」』(角川ソフィア文庫)、角川学芸出版、二〇一三
加藤精一訳『空海 弁顕密二教論』(角川ソフィア文庫)、角川学芸出版、二〇一四
加藤精一訳『空海「性霊集」抄』(角川ソフィア文庫)、角川学芸出版、二〇一五
川崎庸之校注『空海 秘密曼荼羅十住心論』(日本思想大系5)、岩波書店、一九七五
高木訷元『空海の座標 存在とコトバの深秘学』慶應義塾大学出版会、二〇一六
竹内信夫『空海の思想』(ちくま新書)、筑摩書房、二〇一四
津田真一訳『秘密曼荼羅十住心論』(大乗仏典・中国日本篇18)、中央公論社、一九九三
藤井淳『空海の思想的展開の研究』トランスビュー、二〇〇八
松長有慶『空海 般若心経の秘密を読み解く』春秋社、二〇〇六
宮坂宥勝『密教世界の構造 空海『秘蔵宝鑰』』(ちくま学芸文庫)、筑摩書房、一九九四
宮坂宥勝監修『空海コレクション1 秘蔵宝鑰 弁顕密二教論』(ちくま学芸文庫)、筑摩書房、二〇〇四
宮坂宥勝監修『空海コレクション2 即身成仏義 声字実相義 吽字義 般若心経秘鍵 請来目録』(ちくま学芸文庫)、筑摩書房、二〇〇四
福田亮成校訂・訳『空海コレクション3 秘密曼荼羅十住心論 上』(ちくま学芸文庫)、筑摩書房、二〇一三
福田亮成校訂・訳『空海コレクション4 秘密曼荼羅十住心論 下』(ちくま学芸文庫)、筑摩書房、二〇一三
福田亮成『空海思想とその展開』ノンブル社、二〇一四

村上保壽『空海と智の構造』東方出版、一九九六
村上保壽『空海教学の真髄　『十巻章』を読む』法藏館、二〇一六
吉田宏晢『空海思想の形成』春秋社、一九九三
頼富本宏『空海』(日本の仏典2)、筑摩書房、一九八八
渡辺照宏・宮坂宥勝校注『三教指帰　性霊集』(日本古典文学大系71)、岩波書店、一九六五

あとがき

弘法大師が四国八十八ヶ所霊場を開いてから千二百年目にあたるとされる平成二十六(二〇一四)年、四国の津々浦々は、たくさんのお遍路さんや観光客で賑わった。

その際、より多くの人に弘法大師についてもっと知ってもらいたいと願い、『弘法大師に親しむ』(セルバ出版)を上梓《じょうし》した。そして、その一冊を恩師の松長有慶先生に謹呈したところ、一般にもわかりやすいので、さらに弘法大師についてまとめてみないかと、岩波新書の執筆を勧めていただいた。弘法大師を専門に研究する学者は多いので、はじめは躊躇《ちゅうちょ》したが、弘法大師ファンの一人として、また、弘法大師への報恩《ほうおん》の意味も込めて、挑戦してみることにした。

特にインドやチベットの密教の研究に携わってきた筆者は、弘法大師を研究の中心においてきたわけではない。しかし、高野山と四国という弘法大師信仰の二大聖地で生活し、弘法大師と身近に接してきたことには自負がある。その経験をもとに、歴史、思想、信仰、文化史など、いろいろな角度から「弘法大師空海」に光を照射し、そこから浮かび上がる多彩な大師像を、なるべく平易に描写することを心掛けた。

この本の刊行にあたり、たくさんの方々に感謝の言葉を申し上げなければならない。

貴重な写真を提供してくださった諸々の寺院関係者の皆さま。執筆のきっかけをくださった松長有慶先生。空海研究の泰斗《たいと》である高野山大学の武内孝善先生。そして、筆者の師僧である高野山蓮華定院《れんげじょういん》住職の添田隆昭師。師が、高野山に登って来る信者たちに笑顔で語る法話の一《いち》言《ごん》一言は、少なからず本書の内容に影響を与えている。また、畏友の一人である大柴清圓師にも、貴重な意見を賜った。

最後に、編集を担当してくださった坂本純子さん。細かい議論に陥ろうとする筆者を、一般読者の目線に何度も引き戻していただいた。

南無大師遍照金剛

平成二十八(二〇一六)年九月二十一日　　川崎一洋　記

61　満濃池　筆者撮影
65　杖の淵　筆者撮影
67　四国偏礼絵図(香川県立ミュージアム所蔵) 香川県立ミュージアム提供
71　大師と衛門三郎の像(杖杉庵所蔵) 筆者撮影
76　菅笠　筆者撮影
76　金剛杖　筆者撮影
79　高野山の大門　日下義眞撮影
83　高野山の御影堂　日下義眞撮影
84　真如親王像(『三国祖師影』) 大正新脩大蔵経より転載
89　金銅錫杖頭(善通寺所蔵) 善通寺提供
91　鯖大師の御影札　筆者撮影
93　十夜ヶ橋の大師像　筆者撮影
95　談義本尊(東寺所蔵) 便利堂提供
98　秘鍵大師像(大覚寺所蔵) 大覚寺提供
100　日輪大師像(三宝院所蔵) 高野山霊宝館提供
101　稚児大師像(善通寺所蔵) 善通寺提供
102　万日大師像(金剛峯寺所蔵) 高野山霊宝館提供
106～107　高野大師行状図画(地蔵院所蔵) 高野山霊宝館提供
117　最澄筆写の請来目録(東寺所蔵) 便利堂提供
136～137　真言七祖像(室生寺所蔵)※真言八祖像のうち　飛鳥園提供
139　日本密教の壇　筆者撮影
140　密教法具(東寺所蔵) 便利堂提供
144　健陀穀子袈裟(東寺所蔵) 便利堂提供
145　東寺講堂の仏像群(東寺所蔵) 便利堂提供
149　仁王経五方諸尊図・北方(東寺所蔵) 便利堂提供
153　五大力菩薩像(北室院所蔵) 高野山霊宝館提供
157　風信帖(東寺所蔵) 便利堂提供
159　大和州益田池碑銘(釈迦文院所蔵) 高野山霊宝館提供
161　菩提子念珠(東寺所蔵) 便利堂提供
162　狸毛筆奉献表(醍醐寺所蔵) 醍醐寺提供
169　八宗論大日如来像(善集院所蔵) 高野山霊宝館提供

図版と写真の出典・提供一覧

カラー口絵

真如様式の弘法大師像（室生寺所蔵）※真言八祖像のうち　飛鳥園提供

胎蔵曼荼羅（金剛峯寺所蔵）※凸版印刷株式会社による復元再生　凸版印刷提供

金剛界曼荼羅（金剛峯寺所蔵）※凸版印刷株式会社による復元再生　凸版印刷提供

修行大師像（岩本寺所蔵）筆者撮影

各章扉

第一章　高野山の根本大塔　筆者撮影

第二章　室戸岬の御厨人窟　筆者撮影

第三章　善通寺様式の弘法大師像（香川県立ミュージアム所蔵）　香川県立ミュージアム提供

第四章　諸尊仏龕（金剛峯寺所蔵）高野山霊宝館提供

第五章　聾瞽指帰（金剛峯寺所蔵）高野山霊宝館提供

第六章　高野山奥之院の御廟橋　筆者撮影

本文ページ

3　大師の両親像（善通寺所蔵）善通寺提供

5　奈良時代の仏頭（善通寺所蔵）善通寺提供

9　虚空蔵菩薩像（『別尊雑記』）大正新脩大蔵経より転載

25　灌頂暦名（神護寺所蔵）便利堂提供

30　飛行三鈷杵（金剛峯寺所蔵）高野山霊宝館提供

45　善通寺の御影堂　筆者撮影

47　仏母院の胞衣塚　筆者撮影

51　捨身ヶ嶽の御影札　筆者撮影

53　弥谷寺の獅子之岩屋　筆者撮影

58　大理石の如意輪観音像（最御崎寺所蔵）高知県立歴史民俗資料館提供

川崎一洋

1974年，岡山県に生まれる．

幼少のころより真言宗の僧侶になることにあこがれて，高野山で得度，修行．

高野山大学大学院博士課程修了．博士(密教学)．

専門は，密教史，仏教図像学．ネパールやチベットの各地でフィールドワークを重ねる．

現在，四国八十八ヶ所霊場第28番大日寺住職．

高野山大学非常勤講師，高野山大学密教文化研究所委託研究員，智山伝法院嘱託研究員，善通寺教学振興会専門研究員を務める．

著書に『四国「弘法大師の霊跡」巡り』，『弘法大師に親しむ』(以上，セルバ出版)，『最新四国八十八ヵ所遍路』(朱鷺書房)，『インド後期密教』(上下，共著，春秋社)，『空海とインド中期密教』(共著，春秋社)などがある．

弘法大師空海と出会う　　岩波新書(新赤版)1625

2016年10月20日　第1刷発行

著　者　川崎一洋《かわさきかずひろ》

発行者　岡本　厚

発行所　株式会社　岩波書店
〒101-8002　東京都千代田区一ツ橋2-5-5
案内　03-5210-4000　営業部　03-5210-4111
http://www.iwanami.co.jp/

新書編集部　03-5210-4054
http://www.iwanamishinsho.com/

印刷・精興社　カバー・半七印刷　製本・中永製本

ISBN 978-4-00-431625-1　　Printed in Japan

岩波新書新赤版一〇〇〇点に際して

ひとつの時代が終わったと言われて久しい。だが、その先にいかなる時代を展望するのか、私たちはその輪郭すら描きえていない。二〇世紀から持ち越した課題の多くは、未だ解決の緒を見つけることのできないままであり、二一世紀が新たに招きよせた問題も少なくない。グローバル資本主義の浸透、憎悪の連鎖、暴力の応酬——世界は混沌として深い不安の只中にある。

現代社会においては変化が常態となり、速さと新しさに絶対的な価値が与えられた。消費社会の深化と情報技術の革命は、種々の境界を無くし、人々の生活やコミュニケーションの様式を根底から変容させてきた。ライフスタイルは多様化し、一面では個人の生き方をそれぞれが選びとる時代が始まっている。同時に、新たな格差が生まれ、様々な次元での亀裂や分断が深まっている。社会や歴史に対する意識が揺らぎ、普遍的な理念に対する根本的な懐疑や、現実を変えることへの無力感がひそかに根を張りつつある。そして生きることに誰もが困難を覚える時代が到来している。

しかし、日常生活のそれぞれの場で、自由と民主主義を獲得し実践することを通じて、私たち自身がそうした閉塞を乗り超え、希望の時代の幕開けを告げてゆくことは不可能ではあるまい。そのために、いま求められていること——それは、個と個の間で開かれた対話を積み重ねながら、人間らしく生きることの条件について一人ひとりが粘り強く思考することではないか。その営みの糧となるものが、教養に外ならないと私たちは考える。歴史とは何か、よく生きるとはいかなることか、世界そして人間はどこへ向かうべきなのか——こうした根源的な問いとの格闘が、文化と知の厚みを作り出し、個人と社会を支える基盤としての教養となった。まさにそのような教養への道案内こそ、岩波新書が創刊以来、追求してきたことである。

岩波新書は、日中戦争下の一九三八年一一月に赤版として創刊された。創刊の辞は、道義の精神に則らない日本の行動を憂慮し、批判的精神と良心的行動の欠如を戒めつつ、現代人の現代的教養を刊行の目的とする、と謳っている。以後、青版、黄版、新赤版と装いを改めながら、合計二五〇〇点余りを世に問うてきた。そして、いままた新赤版が一〇〇〇点を迎えたのを機に、人間の理性と良心への信頼を再確認し、それに裏打ちされた文化を培っていく決意を込めて、新しい装丁のもとに再出発したいと思う。一冊一冊から吹き出す新風が一人でも多くの読者の許に届くこと、そして希望ある時代への想像力を豊かにかき立てることを切に願う。

（二〇〇六年四月）